Workbook

Marsha Robinson

¡Arriba!

Comunicación y cultura

Eduardo Zayas-Bazán
EAST TENNESSEE STATE UNIVERSITY

José B. Fernández
UNIVERSITY OF CENTRAL FLORIDA

PRENTICE HALL, ENGLEWOOD CLIFFS, NEW JERSEY 07632

© 1993 by Prentice-Hall, Inc.
A Simon & Schuster Company
Englewood Cliffs, New Jersey 07632

Printed in the United States of America

10 9 8 7 6 5 4

ISBN 0-13-044371-9

Prentice-Hall International (UK) Limited, *London*
Prentice-Hall of Australia Pty. Limited, *Sydney*
Prentice-Hall Canada Inc., *Toronto*
Prentice-Hall Hispanoamericana, S.A., *Mexico*
Prentice-Hall of India Private Limited, *New Delhi*
Prentice-Hall of Japan, Inc., *Tokyo*
Simon & Schuster Asia Pte. Ltd., *Singapore*
Editora Prentice-Hall do Brasil, Ltda., *Rio de Janeiro*

Contents

LECCIÓN 1
Hola, ¿qué tal?

PRIMERA PARTE

¡Así es la vida!

1·1 **Saludos y despedidas.** Reread the conversations on page 1 of your text and decide if these statements are true (**cierto**) or false (**falso**). (The numbers in parentheses refer to the numbers of the conversations.)

1. _____ El señor se llama Jorge Hernández. (1)

2. _____ La señorita se llama Elena Acosta. (1)

3. _____ María Luisa Gómez habla con el profesor García. (2)

4. _____ La profesora se llama María Luisa Gómez. (2)

5. _____ Rosa está muy mal. (3)

6. _____ Jorge está muy bien. (3)

7. _____ La señora Peñalver está muy mal. (4)

8. _____ José Manuel está así así. (4)

¡Así lo decimos!

1·2 **¿Qué dices?** Greet and then say farewell to your acquaintances using the appropriate expressions for the times indicated.

		Greeting	**Farewell**
1.	10:00 A.M.	_____	_____
2.	4:00 P.M.	_____	_____
3.	8:00 P.M.	_____	_____

1·3 **¿Formal o informal?** Ask a friend and then a stranger the following questions. Write the questions in the spaces provided.

	A friend	**A stranger**
1. How are you?	_____	_____
2. And you?	_____	_____
3. How are you doing?	_____	_____
4. What's your name?	_____	_____

1·4 **Respuestas.** How would you respond to the following questions or statements? Reply in Spanish on the lines provided.

1. ¿Qué tal? _____

2. ¡Buenos días! _____

3. ¡Hasta mañana! _____

4. ¿Cómo te va? _____

5. ¿Cómo te llamas? _____

6. ¡Mucho gusto! _____

7. ¿Cómo estás? _____

1·5 **Conversaciones.** Fill in the blanks with the appropriate words or phrases to complete each conversation logically.

1. —¡Hola, Felipe! ¿_____?

   —Muy bien, _____. ¿Y _____, Señor

   Morales?

   —No muy bien.

   —_____, señor.

2. —Buenas tardes.

   —¡_____! ¿Cómo se llama usted?

— _____ Enrique Fernández.

—Mucho _____.

— _____ mío.

3. —Buenos días, Profesor Rodríguez.

— _____, Felipe.

—¿ _____?

— _____, gracias.

—Hasta luego.

— _____.

SEGUNDA PARTE

¡Así lo decimos!

1·6   **La clase.** Look at the drawings and write the classroom expression(s) that best correspond(s) to the situation.

1.

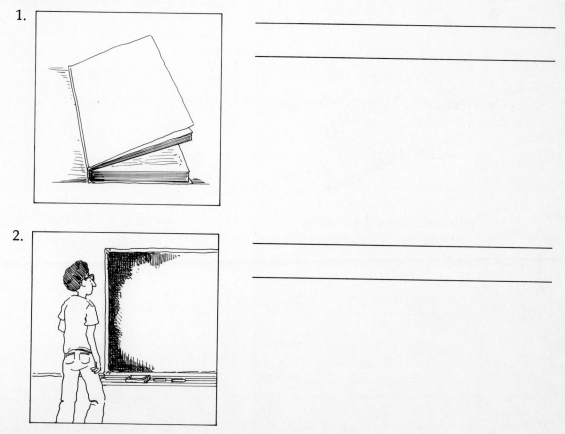

_____

_____

2.

_____

_____

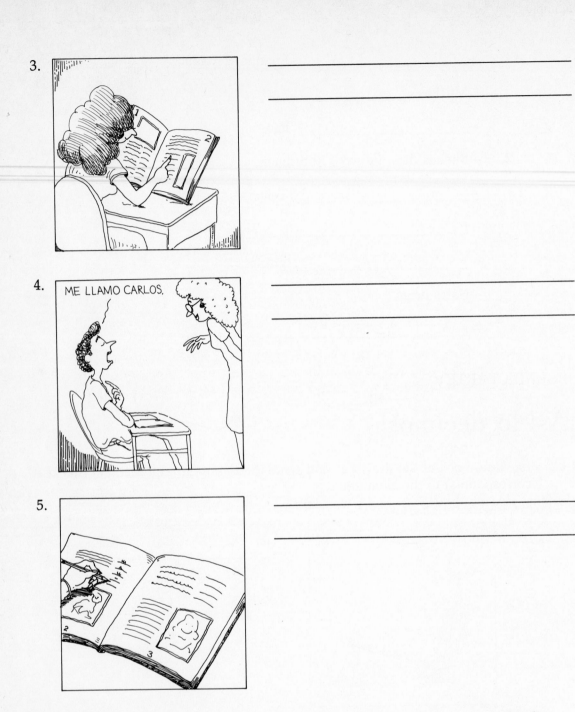

3. _____

_____

4. ME LLAMO CARLOS.

_____

_____

5. _____

_____

1·7 **Más números.** Write the number that comes before (**antes**) and after (**después**) the indicated one.

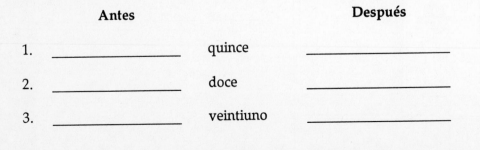

	Antes		Después
1.	_____	quince	_____
2.	_____	doce	_____
3.	_____	veintiuno	_____

	Antes	**Después**
4.	_____ cuatro	_____
5.	_____ diecinueve	_____
6.	_____ veintinueve	_____
7.	_____ veinticinco	_____
8.	_____ dieciséis	_____
9.	_____ cinco	_____
10.	_____ nueve	_____

1·8 **¿Qué hay en la mochila?** You have just met a classmate and invited him to have lunch with you and your family. Your little brother is very curious about what your new friend has in his bookbag. Answer his questions according to the model.

MODELO: —¿Qué hay en la mochila? (books)
         —*Hay unos libros.*

¿Qué hay en la mochila?

1. (pencils) _____

2. (pens) _____

3. (a notebook) _____

4. (chalk) _____

5. (erasers) _____

Estructuras

1·9 **¿Cuántos hay?** Your little brother's curiosity isn't satisfied. He now wants to know how many of each object your classmate has in the bookbag and what color the objects are. Answer his questions following the model.

MODELO: —¿Hay un libro? (three/purple)
         —*No, hay tres libros. Los libros son* (are) *morados.*

1. —¿Hay un lápiz? (four/blue)

   —No, _____

2. —¿Hay un bolígrafo? (nine/black)

   —No, _____

3. —¿Hay un cuaderno? (one/yellow)

   —Sí, _____

4. —¿Hay una tiza? (seven/white)

   —No, _____

5. —¿Hay un borrador? (five/pink)

   —No, _____

1·10 **¿Singular o plural?** Make a generalization based on each observation below by changing the following sentences from singular to plural. (Note: the plural of **es** is **son**.)

MODELO: El libro negro es caro.
Los libros negros son caros.

1. La profesora mexicana es interesante.

   _____

2. La mochila francesa es cara.

   _____

3. El reloj grande es redondo.

   _____

4. La mesa blanca es cuadrada.

   _____

5. El cuaderno azul es barato.

   _____

6. El estudiante inteligente es trabajador.

   _____

7.   La clase grande es interesante.

_____

8.   El profesor francés es inteligente.

_____

1·11 ¿Masculino o femenino? Change the gender of the following people from masculine to feminine or vice versa.

1.   Son unos señores argentinos.

_____

2.   Son unos profesores norteamericanos.

_____

3.   Es un estudiante francés.

_____

4.   Es una señorita trabajadora.

_____

5.   Es una estudiante inglesa.

_____

6.   Son unos estudiantes portugueses.

_____

7.   Es una señora española.

_____

8.   Son unas señoritas japonesas.

_____

SÍNTESIS

1·12 Una conversación. Rewrite the following conversations arranging the lines in logical order.

1.   En la clase

—Muy bien, gracias. ¿Y usted?
—Buenos días, Antonia. ¿Cómo estás?

—¿Verdad? Lo siento mucho.
—Buenos días, Profesor Sánchez.
—No muy bien.

_____

_____

_____

_____

_____

2. En la librería *(bookstore)*

—Muy bien, gracias. ¿Qué hay?
—¿De qué color?
—Bien. ¿Y tú?
—Dos dólares.
—¡Hola, Enrique! ¿Qué tal?
—Necesito un bolígrafo.
—Rojo. ¿Cuánto cuesta?
—¡Hola, Graciela!

_____

_____

_____

_____

_____

_____

_____

_____

1·13   **A completar.** Fill in the blanks with the correct forms of the words in parentheses.

   MODELO: (el/negro) __la__ pizarra __negra__

   1.   (un/mexicano) _____ señores _____

   2.   (el/inglés) _____ señoritas _____

3. (el/trabajador) _____ señoras _____

4. (un/francés) _____ profesores _____

5. (un/interesante) _____ profesora _____

6. (el/grande) _____ clase _____

7. (el/popular) _____ estudiante (f.) _____

1·14 **Los colores.** Find and circle twelve names of colors in the puzzle.

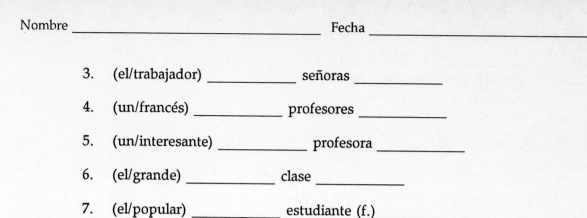

C	A	Z	B	M	O	R	A	D	O	D
H	O	M	L	A	R	O	S	A	D	O
A	A	N	A	R	A	N	J	A	D	O
V	D	I	N	R	G	O	S	Z	M	C
E	A	L	C	I	I	R	F	U	A	O
R	O	J	O	R	N	LL	I	L	RR	I
D	A	N	N	E	G	R	O	S	O	E
E	C	A	F	E	B	R	A	S	N	K

1·15 **Plural al singular.** Change the following phrases from plural to singular.

MODELO: los libros grandes
el libro grande

1. las lecciones interesantes

_____

2. unos ejercicios difíciles

_____

3. las luces blancas

_____

4. unos cuadernos anaranjados

_____

5. las sillas azules

_____

6. los relojes redondos

_____

7. los pupitres caros

_____

8. unas mesas cuadradas

_____

1·16 **Expresiones para la clase.** Complete each classroom expression with a logical verb.

1. _____ el libro.

2. _____ los ejercicios.

3. _____ la tarea.

4. _____ a la pizarra.

5. _____ las frases.

6. _____ la lección.

7. _____ en español.

1·17 **La clase.** Write a short paragraph describing your classroom. Name as many objects as you can, including information on number and color. Describe your classmates nationalities. End with a description of your professor.

_____

_____

_____

_____

_____

1·18 **El mundo hispano.** Label the Spanish-speaking countries and their capitals on the following map of Latin America. Mexico and its capital have been done for you.

MÉXICO, D.F. ★

Lectura

Mundo hispánico: Los países hispánicos

This is the first section of a series of workbook exercises based on the **Mundo Hispánico** cultural readings in the ¡ARRIBA! textbook. These activities are intended to help you become a fluent reader in Spanish by practicing and applying the reading skills you already use, perhaps unconsciously, in your native language. While the most obvious purpose for reading is to gain information—in this case, about the histories, geographies and cultures of the various Spanish-speaking countries—information is not all that may be gleaned from reading a passage. Any reading text, no matter how brief and factual, also has a message hidden in its organization—its "rhetorical intent," which could consist of underlying belief systems, subtexts, prejudices or a hidden agenda. A reader has not finished reading until both the text's information and its point of view are clear. This dual task is unlikely to be accomplished by word-for-word translation, because the reader gets lost in the details and misses the overview. The exercises in each **Lectura** section of this Workbook will help you learn to read for the overview as well as the details.

Preview

Before reading, look carefully at the text: what pictures and graphics are included, what headlines and titles are included, and where the text is divided? Pictures, charts and titles can help identify the main idea of a text.

1·19   What do the pictures and charts accompanying the **Mundo hispánico** on pages 27-29 suggest to you? Jot down your observations in English as you consider:

1. What types of people are present? How are they dressed? What kind of society do they represent?

   _____

   _____

2. What buildings or manufactured objects are shown?

   _____

   _____

3. What scenes or activities are presented? Are they the same as or different from those in your society? What do the differences suggest?

   _____

   _____

4. What is shown first, or most prominently? What does this tell you about the images or values that the text is attempting to present?

_____

_____

1·20 *Skimming*. Before reading the text word-for-word, you should "skim" it—that is, glance through it to identify things that immediately seem familiar. This will give you a "road map" of the text that will help you decide what words mean in context when you read the text in detail. In the following activities, you will begin to see the utility of the kinds of information that skimming can provide.

1. Find the cognates.

Cognates are words that look or sound alike and derive from the same word of the same ancestral language. Find as many Spanish-English cognates as you can in this **Mundo hispánico.** Using the cognates as a guide, select five or six words that represent the main idea of the text. Then summarize the "main idea" of the text in one or two sentences in English.

_____

_____

_____

2. Confirm your "main idea."

Now check the pictures and charts, examining each to determine to which part of the text each refers, and what information each conveys. Jot down in English which lines of text each picture goes with and what it is about. Do the same with the chart.

_____

_____

_____

_____

_____

_____

_____

LECCIÓN 2
¿De dónde eres?

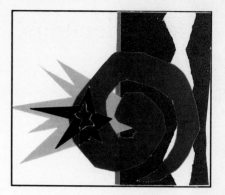

PRIMERA PARTE

¡Así es la vida!

2·1 **Descripciones.** Fill in the following information about the people described on page 31 of your text. The first one has been done for you.

Isabel Rojas Lagos

nacionalidad: *argentina* _____

características: *inteligente, trabajadora, simpática* _____

Daniel Gómez Mansur

nacionalidad: _____

descripción física: _____

María

nacionalidad: _____

nacionalidad
 de los padres: _____

Paco

nacionalidad: _____

Sara y Lupe

nacionalidad: _____

ciudad: _____

Carlos

nacionalidad: _____

ciudad: _____

¡Así lo decimos!

2·2 **Muchas preguntas.** You've just met Susana and are trying to make conversation with her. Fill in the blanks with the most appropriate interrogative words, taking into consideration her answers.

1. —¿_____ te llamas? —Me llamo Susana.

2. —¿_____ eres? —Soy de los Estados Unidos.

3. —¿_____ estudias? —En la universidad.

4. —¿_____ estudias. —Matemáticas e historia.

5. —¿_____ ciudad eres? —De Houston.

6. —¿_____ son éstos (these) en la foto? —Son mis padres y Antonio.

7. —¿_____ es Antonio? —Es un amigo (friend).

8. —¿_____ es? —Es alto, delgado, simpático y muy inteligente.

2·3 **Nacionalidades.** Fill in the blanks with the appropriate form of the adjective of nationality that corresponds to the country mentioned. The first one has been done for you.

1. Luisa y Ramón son de Puerto Rico. Son _puertorriqueños._

2. Ana es de Colombia. Es _____.

3. Federico es de La Habana, Cuba. Es _____.

4. Nosotras somos de Buenos Aires, Argentina. Somos _____.

5. Alicia es de la República Dominicana. Es _____.

6. Los profesores son de México. Son _____.

7. La señora Prieto es de Caracas, Venezuela. Es _____.

8. Elena y Marisa son de Chile. Son _____.

9. El señor Vargas es de Madrid, España. Es _____.

10. Anita y Lucía son de Panamá. Son _____.

2·4 **Los contrarios.** Rewrite each statement, using the opposite of the adjective in boldface. The first one has been done for you.

1. El señor es **alto**. _El señor es bajo._

2. Las estudiantes son **gordas**. _____

3. El libro es **bonito**. _____

4. Es una clase **buena**. _____

5. Yo soy muy **trabajadora**. _____

6. Mis padres son **antipáticos**. _____

2·5 **Cuestionario.** You have just met someone who asks you these questions. Answer in complete sentences.

1. ¿Cómo te llamas?

_____

2. ¿Cómo estás?

_____

3. ¿De qué país eres?

_____

4. ¿De qué ciudad eres?

_____

5. ¿Cómo eres?

_____

Estructuras

2·6 **Los sujetos.** Replace each subject with the appropriate subject pronoun.

MODELO: El estudiante = *él*

1. Maribel = _____

2. Susana y yo = _____

3. Quique y Paco = _____

4. las profesoras = _____

5. tú, tú y tú = _____ / _____

6. Uds. y yo = _____

7. Francisco = _____

8. Anita, Carmen y Pepe = _____

9. Lucía, Mercedes y Lola = _____

10. Beto y las estudiantes = _____

2·7   **Identidades.** Using the words provided and the correct form of the verb **ser**, write complete sentences. Remember to change the forms of articles and adjectives as necessary.

MODELO: yo / ser / un / alumna / puertorriqueño
          Yo soy una alumna puertorriqueña.

1. nosotros / ser / el / profesores / estadounidense

   _____

2. Ana y Felipe / ser / el / estudiantes / perezoso

   _____

3. ¿ser / tú / el / estudiante (f.) / argentino?

   _____

4. Marisol / ser / un / señora / dominicano

   _____

5. ¿ser / vosotros / el / estudiantes / francés?

   _____

6. ¿Uds. / ser / el / señores / mexicano?

   _____

Nombre _____ Fecha _____

2·8　**Preguntas y respuestas.** A new friend has many questions to ask you. First, change the sentences below to yes/no questions, and then answer them using complete sentences.

　　　MODELO:　　Tú eres de Colombia.
　　　　　　　　　¿Eres de Colombia?
　　　　　　　　　No, no soy de Colombia. (or) *Sí, soy de Colombia.*

　　1.　Tú eres de una ciudad.

　　　¿_____?

　　　_____

　　2.　Tu padre es de una ciudad.

　　　¿_____?

　　　_____

　　3.　Tus padres son de Nicaragua.

　　　¿_____?

　　　_____

　　4.　Tú eres de la capital.

　　　¿_____?

　　　_____

　　5.　El profesor de matemáticas es perezoso.

　　　¿_____?

　　　_____

2·9　**Más preguntas.** Someone is interviewing you for the school newspaper. Answer the interviewer's questions.

　　1.　¿Quién es Ud.?

　　　_____

2. ¿De dónde es Ud.?

_____

3. ¿Cuál es su nacionalidad?

_____

4. ¿Cómo es Ud.?

_____

5. ¿Es Ud. perezoso(a) o trabajador(a)?

_____

2·10 **Aún más preguntas.** Change the following statements to questions by using the tags in parentheses. Then practice saying the questions aloud. The first one has been done for you.

1. (¿verdad?) Mariberta es de Colombia.

   Mariberta es de Colombia, ¿verdad?

2. (¿no?) Arturo y David son muy delgados.

   _____

3. (¿cierto?) La estudiante cubana es inteligente.

   _____

4. (¿verdad?) La señora se llama Verónica.

   _____

5. (¿no?) Toño es bajo y gordo.

   _____

SEGUNDA PARTE

¡Así es la vida!

2·11 **¿Qué hacen?** Look again at the photos on page 44 of your text and reread the descriptions. Then, answer the questions in complete sentences. You may want to review the interrogative words on page 40 of your text before you begin.

Andrea Alvarado Gómez

1. ¿Cuántos años tiene? _____

2. ¿De dónde es? _____

3. ¿Cuál es su *(her)* nacionalidad? _____

4. ¿Qué habla? _____

5. ¿Qué estudia? ¿Dónde? _____

6. ¿Cuándo es el examen de biología? _____

Carlos Alberto Mora Arce

1. ¿Cuántos años tiene? _____

2. ¿De dónde es? _____

3. ¿Cuál es su nacionalidad? _____

4. ¿Qué habla? _____

5. ¿Qué estudia? ¿Dónde? _____

6. ¿Cuándo trabaja? _____

7. ¿Dónde trabaja? _____

8. ¿Qué practica con los amigos? _____

Héctor Bermúdez Fiallo

1. ¿Cuántos años tiene? _____

2. ¿De dónde es? _____

3. ¿Cuál es su nacionalidad? _____

4. ¿Qué estudia? _____

5. ¿Cuándo baila con sus amigos? _____

6. ¿Dónde baila? _____

¡Así lo decimos!

2·12   **Actividades.** Match each item in column A with the most logical expression from
column B. Then write a complete sentence using each pair of words and expressions,
and **yo** as the subject.

	A		B
1.	_____ escuchar	a.	con un amigo en el café
2.	_____ bailar	b.	en una discoteca esta noche
3.	_____ hablar	c.	mucho el béisbol
4.	_____ nadar	d.	historia por las tardes
5.	_____ conversar	e.	español, italiano, portugués y un poco de inglés
6.	_____ mirar	f.	en una librería
7.	_____ trabajar	g.	música clásica
8.	_____ estudiar	h.	el mapa de América del Sur
9.	_____ practicar	i.	en el Océano Atlántico

Now write complete sentences on the lines provided.

MODELO: mirar / la televisión
          Miro la televisión.

1. _____

2. _____

3. _____

4. _____

5. _____

6. _____

7. _____

8. _____

9. _____

2·13   **Más actividades.** Choosing an element from each column, write three sentences about your responsibilities and three sentences describing what you and your friends are going to do.

tengo que vamos a	estudiar practicar trabajar hablar mirar	geografía el tenis en la librería para el examen alemán ingeniería la televisión la natación	por las tardes esta noche mañana

Responsabilidades:

1. _____

2. _____

3. _____

El futuro:

4. _____

5. _____

6. _____

Estructuras

2·14   **¿Qué hacen?** Fill in the blanks with the correct form of the verbs in parentheses to see what everyone is doing.

1. (caminar) Nosotros _____ por las tardes.

2. (preparar) Los estudiantes _____ la lección.

3. (trabajar) ¿_____ tú mucho?

4. (nadar) Las señoritas _____ bien.

5. (practicar) Alejandro y yo _____ mucho el fútbol.

6. (mirar) ¿Qué _____ ellos?

7. (bailar) Ana y Federico _____ muy mal.

8. (conversar) Los amigos _____ en el café.

9. (estudiar) Amalia y Laura _____ administración de negocios.

10. (escuchar) Yo _____ música popular.

2·15 **¡Muy ocupados!** These people are all very busy. Fill in the blanks with the correct form of a logical **-ar** verb to tell what they are doing. Read the entire paragraph before beginning.

Alejandro y Adán _____ el tenis por las tardes. Andrés no

_____ el tenis; él tiene que _____ historia

por la tarde. Carmen _____ en el océano con Susana. Ellas

_____ mucho. Yo no _____; yo

_____ en el parque con mi amigo. Anita

_____ mucho, especialmente el cha-cha-chá y la salsa.

2·16 **Cuestionario.** A new friend has just asked you these questions. Answer them in Spanish using complete sentences.

1. ¿Trabajas? ¿Dónde trabajas?

   _____

2. ¿Qué idiomas habla tu padre?

   _____

3. ¿Bailas? ¿Bailas bien o mal?

   _____

4. ¿Practican el español mucho tú y los estudiantes en tu clase?

   _____

5. ¿Caminan tú y tus amigos?

   _____

6. ¿Estudias mucho? ¿Qué estudias?

   _____

2-15   p 24

7. ¿Escuchas música popular o música clásica?

_____

8. ¿Cuándo preparas las lecciones?

_____

2·17 **Asociaciones.** Write a sentence containing the **tener** expression from page 51 of your text that best corresponds to each clue in parentheses. Use the indicated subject. The first one has been done for you.

1. (una *coca cola*) Yo *tengo sed.* _____

2. (un suéter) Nosotros _____

3. (un fantasma) Los chicos _____

4. (una hamburguesa) Tú _____

5. (un animal muy grande) Yo _____

6. (una A+ en el examen) Alberto y yo _____

7. (28) El señor _____

8. (mucho tráfico) La señora _____

9. (una siesta) La bebé _____

10. (muy tarde) Yo _____

2·18 **Responsabilidades.** List five things you *have to do* tomorrow and then assign five other people tasks.

MODELO: *Yo tengo que estudiar porque tengo un examen mañana.*

1. Yo _____

2. Yo _____

3. Yo _____

4. Yo _____

5. Yo _____

6. Mis padres _____

7. Mi amigo _____

8. El (la) profesor(a) _____

9. Los estudiantes _____

10. Los estudiantes y yo _____

SÍNTESIS

2·19 **La vida de Marisol.** Read the story about Marisol and then answer the questions that follow.

Marisol es una estudiante muy buena en la Universidad de Navarra. Es de la República Dominicana. Tiene veinte años. Ella es inteligente y muy trabajadora. Habla tres idiomas —el español, el inglés y el francés. Estudia derecho en la universidad y participa en muchas otras actividades. Nada por las tardes y también practica el fútbol. Hoy tiene que estudiar mucho porque tiene un examen de derecho mañana. Una de sus clases favoritas es el francés. No hay muchos estudiantes en la clase, solamente nueve —tres españoles, dos chilenos, un italiano, dos portugueses y ella. La profesora es española y es muy simpática e interesante. Siempre prepara bien la lección para la clase.

1. ¿Quién es Marisol?

_____

2. ¿Dónde estudia? ¿Qué estudia?

_____

3. ¿En qué actividades participa Marisol?

_____

4. ¿Cuántos estudiantes hay en la clase de francés?

_____

5. ¿Cuáles son las nacionalidades de los estudiantes y de Marisol?

_____

6. ¿Cómo es la profesora de francés?

_____

7. ¿Cuántos años tiene Marisol?

   _____

8. ¿Qué tiene que hacer Marisol hoy?

   _____

2·20 **Tarjeta de identidad.** Fill in the necessary information in order to get your student identification card.

Nombre: _____

Apellido *(last name):* _____

Nacionalidad: _____

Ciudad de origen: _____

País de origen: _____

Edad *(age):* _____

Descripción física: _____

Temas de composición

2·21 **Tu vida universitaria.** Using the paragraph in Activity 2·19 as a model, write a short paragraph about yourself and your life in school. Be sure to include your age, description, activities and responsibilities.

_____

_____

_____

_____

_____

_____

_____

_____

_____

_____

_____

_____

2·22 Entrevista. Write seven to ten questions to ask a classmate whom you would like to know better. Then use the questions to interview your classmate and write his/her answers under your questions. Finally, write a paragraph about your new friend, using the information you collected in your interview.

1. ¿_____?

   _____

2. ¿_____?

   _____

3. ¿_____?

   _____

4. ¿_____?

   _____

5. ¿_____?

   _____

6. ¿_____?

   _____

7. ¿_____?

   _____

8. ¿_____?

   _____

9. ¿_____?

_____

10. ¿_____?

_____

Now write your paragraph.

_____

_____

_____

_____

_____

_____

_____

_____

_____

_____

Lectura

Mundo hispánico: España: tierra de Don Quijote

Preview

Begin by using the skimming tasks that you learned in Lesson 1: determine what the pictures suggest to you, find as many cognates as possible and try to establish the main idea. Jot all of this information down on a separate piece of paper. In this lesson, you will learn why it is sometimes important to skim a text twice, as you try to find pieces of the main idea in the foreign language—often, the "who, what, where and when" discussed in the text.

2·23 *Main idea words*
1. Skim the entire text on page 59-61 a second time and record on the lines below the Spanish words in the passage related to "who, what, where and when." Some categories may have many words, while others will have few or none.

¿Quién?: _____

_____

_____

¿Qué?: _____

_____

_____

¿Dónde?: _____

_____

_____

¿Cuándo?: _____

_____

_____

2. Looking at the list of cognates that you prepared in the *Preview* and the list of *main idea* words you prepared in part 1 above, summarize your hypothesis about the main idea of this text in one or two sentences in English.

_____

_____

_____

1·24 *Scanning.* Now that you have hypothesized about the main idea of the text, you can begin to read not only for detail, but also for the point of view of the text. This is best accomplished by *scanning*, that is, reading for particular information.

1. Scan the text to determine how it is divided and organized into sections. Then list the section titles below (with a note on their contents in English, if necessary).

_____

_____

_____

_____

_____

_____

_____

_____

_____

2. Now check your hypothesis about the main idea of the text. Are these sections representative of the kind of information you would expect to find in a reading titled "Spain: The Land of Don Quixote"? Why or why not? What information would you expect to find? What do these sections and/or gaps suggest to you about the point of view expressed in the text? What do the authors try to make you think (or *not* think) about Spain? Prepare to discuss these questions in class by jotting down your observations on the lines provided below.

_____

_____

_____

_____

_____

_____

_____

_____

LECCIÓN 3
¿Qué estudias?

PRIMERA PARTE

¡Así es la vida!

3·1 **El horario de clases.** Reread the conversations on page 63 of your text and then complete the following statements.

1. El horario de Alberto es _____. Va a tomar

   _____ cursos: _____,

   _____, _____,

   _____ y _____.

2. Luis va a tomar cuatro _____ y eso es

   _____.

3. Luis no va a tomar la clase de inglés porque _____.

4. Luisa se va ahora mismo porque _____.

5. Carmen no tiene clases _____.

6. Ana va _____ porque tiene _____ a

   _____.

7. Ana estudia idiomas porque aprender idiomas _____.

3·2 **¿Qué estudian?** List the courses mentioned in the conversations on page 64 that each person is going to study.

1. Alberto: _____

2. Luisa: _____

3. Ana: _____

¡Así lo decimos!

3·3 **Reacciones.** Using one of the expressions in the box, react to the following statements made by your classmates.

> Sí, es un lujo.
> Estás loco(a).
> Pues sí.
> ¿Verdad?
> Sí, es una necesidad.
> Yo también. ¡Qué pequeño es el mundo!

1. Este semestre no estudio matemáticas. _____

2. Voy a tomar seis materias. _____

3. Necesitas hablar dos idiomas. _____

4. ¿Vas a estudiar química? _____

5. Estoy en la clase de biología con la profesora Brown.

   _____

6. Voy a tomar la clase de literatura solamente porque es interesante.

   _____

3·4 **Tu horario.** Fill in the following chart to show your class schedule for this semester. Write the days in the left hand column and the times at the top of each remaining column.

Nombre: _____		Fecha: _____								
	9 A.M.	10 A.M.	11 A.M.	12 A.M.	1 P.M.	2 P.M.	3 P.M.	4 P.M.	5 P.M.	6 P.M.
lun.										
mar.										
miér.										
jue.										
vier.										

3·5   **El horario de Sara.** Unscramble the following words and rewrite them in logical sentences to find out what Sara's schedule is.

1.   química estudio y biología la por mañana

_____

2.   exigente la de es bastante química clase

_____

3.   ocho las a es pero fácil es biología de clase la

_____

4.   a muchos clase la llego días tarde

_____

5.   al estudiantil por centro voy tarde la

_____

6.   cafetería mis con en la amigos converso

_____

7.   biblioteca la donde mucho a por noche voy estudio la

_____

8.   donde también la trabajo librería voy a

_____

3·6   **Preguntas personales.** Answer the following questions using complete sentences.

1.   ¿Qué materias tomas este semestre?

_____

2.   ¿Qué curso es bastante interesante? ¿Qué curso es bastante aburrido?

_____

3.   ¿Son exigentes tus profesores?

_____

4. ¿Qué necesitas para la clase de español? ¿Para la clase de matemáticas?

_____

5. ¿A qué cursos llegas tarde?

_____

6. ¿Qué estudias los lunes? ¿Y los jueves?

_____

3·7 **Los meses y las estaciones.** Find and circle the months and seasons contained in the puzzle.

C	O	D	I	C	I	E	M	B	R	E	M	O
E	P	S	A	T	A	S	RR	M	U	S	A	S
A	B	R	I	L	T	E	D	A	C	U	G	E
J	A	N	I	N	V	I	E	R	N	O	O	P
D	U	O	V	M	A	E	S	Z	A	T	S	T
D	J	L	A	A	R	R	O	M	O	T	I
E	U	E	I	Y	L	V	C	A	O	Ñ	O	E
E	N	E	R	O	R	A	E	T	N	O	LL	M
N	I	T	F	E	B	R	E	R	O	O	O	B
T	O	O	C	T	U	B	R	E	A	O	M	R
N	O	V	I	E	M	B	R	E	A	S	R	E

3·8 **Tus gastos.** You need to write out checks to pay for your expenses. Write out the following amounts in words.

1. 768 dólares _____

2. 573 dólares _____

3. 1.694 dólares _____

4. 987 dólares _____

5. 859 dólares _____

6. 92 dólares _____

7. 295 dólares _____

8. 159 dólares _____

9. 384 dólares _____

10. 528 dólares _____

Estructuras

3·9 **¿Cuándo tienen clase?** Use the cues in parentheses and follow the model to tell when the following people have class.

> **MODELO:** (historia / lunes / 10:05 / mañana)
> Andrés *tiene la clase de historia los lunes a las diez y cinco de la mañana.*

1. (álgebra / lunes / 1:15 / tarde)

   Nosotros _____

2. (computación / jueves / 7:25 / noche)

   Tú _____

3. (ingeniería / miércoles / 3:45 / tarde)

   Yo _____

4. (música / martes / 8:55 / mañana)

   Paco _____

5. (química / jueves / 12:30 / tarde)

   Sofía _____

6. (economía / lunes / 11:15 / mañana)

   Mis amigos _____

7.   (literatura / miércoles / 4:15 / tarde)

Yo _____

8.   (biología / viernes / 6:50 / noche)

Andrés _____

3·10   **¿Qué hora es?** Following the model, write the next two lines of each dialogue below.

MODELO: —¿A qué hora es tu clase de inglés?
             —(3:00) *A las tres. ¿Qué hora es?*
             —(2:58) *Son las tres menos dos. ¡Adiós!*

1.   —¿A qué hora es tu clase de biología?

(1:00) —_____

(12:50) —_____

2.   —¿A qué hora es tu clase de portugués?

(10:15) —_____

(10:05) —_____

3.   —¿A qué hora es tu clase de arte?

(7:30) —_____

(7:25) —_____

4.   —¿A qué hora es tu clase de derecho?

(11:15) —_____

(11:10) —_____

5.   —¿A qué hora es tu clase de matemáticas?

(4:45) —_____

(4:35) —_____

3·11   **Entrevista.** Find out from a classmate on what days and at what times he/she has the following classes. Write the question you will ask on the first line and record your classmate's answers on the second line.

MODELO: ¿Cuándo tienes la clase de inglés? ¿A qué hora?
Tengo la clase de inglés los lunes y los martes a las dos.

1. la clase de matemáticas

    ¿_____?

    _____

2. la clase de español

    ¿_____?

    _____

3. la clase de historia

    ¿_____?

    _____

4. la clase de inglés

    ¿_____?

    _____

3·12   **Tus fechas importantes.** List five important dates for you to remember.

MODELO: *El tres de septiembre, voy a la fiesta de Ana.*

1. _____

2. _____

3. _____

4. _____

5. _____

3·13 **¿De quiénes son estos objetos?** Identify to whom these objects belong so that they can be returned to their owners.

MODELO: —¿De quién es la mochila? (Sara)
—*La mochila es de Sara.*
—*Es su mochila.*

1. —¿De quién es el bolígrafo verde? (el profesor)

_____

_____

2. —¿De quién es el libro grande? (Ana y Sofía)

_____

_____

3. —¿De quién es la mochila? (Mateo)

_____

_____

4. —¿De quiénes son los lápices morados? (José y Andrés)

_____

_____

5. —¿De quién es el cuaderno? (el chico)

_____

_____

6. —¿De quiénes son los diccionarios? (él)

_____

_____

7. —¿De quién es la calculadora? (Ud.)

_____

_____

8. —¿De quién es el horario de clases? (Uds.)

—_____

—_____

9. —¿De quiénes son los microscopios? (las estudiantes de biología)

—_____

—_____

10. —¿De quiénes son los papeles? (la profesora)

—_____

—_____

3·14   **Más objetos perdidos.** There are still more objects without owners. Answer the questions according to the model.

   MODELO: ¿Son tus libros? (Esteban)
   No, no son mis libros. Son los libros de Esteban.

   1. ¿Es tu diccionario? (el estudiante de francés)

   _____

   2. ¿Son vuestros bolígrafos? (tu amigo)

   _____

   3. ¿Son sus libros, Señor Prado? (Micaela)

   _____

   4. ¿Es vuestra clase? (los estudiantes portugueses)

   _____

   5. ¿Es tu calculadora? (Paco)

   _____

   6. ¿Son tus lápices? (mis padres)

   _____

7. ¿Es su profesora, Juan y Ana? (Cristina)

   _____

8. ¿Es vuestra borradora? (el chico alemán)

   _____

3·15 **¿Adónde van?** Fill in the blanks to show where each person is going. Use the verb **ir**.

1. Mateo _____ a la universidad.

2. Susana y yo _____ al concierto.

3. Yo _____ a la biblioteca.

4. Los estudiantes _____ a la cafetería.

5. La profesora _____ al centro estudiantil.

6. Andrés y Maribel _____ al teatro.

7. ¿_____ tú a la librería?

3·16 **Mañana.** Ana thinks all these activities are happening today, but you know they will all take place tomorrow. Correct her, following the model.

MODELO: Estrella estudia hoy.
             No, ella va a estudiar mañana.

1. Alejandro practica béisbol hoy.

   _____

2. Necesito mi calculadora hoy.

   _____

3. Vamos al concierto esta noche.

   _____

4. Elena conversa con sus amigos esta tarde.

   _____

5. Nuestros padres llegan tarde esta noche.

   _____

6. Tú y Kiko van al supermercado.

   _____

SEGUNDA PARTE

¡Así es la vida!

3·17 **¿Cierto o falso?** Reread the conversation on page 83 of your text and decide if these statements are true **(cierto)** or false **(falso)**. If they are false, cross out the incorrect information and write the correction above it.

1. _____ Son las once y media de la noche.

2. _____ Ana Rosa y Carmen hablan en la librería.

3. _____ Las dos chicas no tienen hambre y no comen.

4. _____ Ellas tienen sed y beben un refresco.

5. _____ Por la mañana, Ana Rosa va a la librería.

6. _____ Ana Rosa va a la biblioteca para comprar un diccionario.

7. _____ Ella va a comprar un diccionario porque tiene un examen mañana.

8. _____ Ella tiene que escribir una composición para mañana.

9. _____ Carmen necesita ir a la biblioteca mañana.

10. _____ La librería está detrás de la biblioteca.

11. _____ Carmen va a la librería con Ana Rosa.

12. _____ Los padres de Carmen están enfermos.

13. _____ El novio de Carmen vive lejos de la universidad.

¡Así lo decimos!

3·18   **¿Dónde está?** The new students on campus need help finding their classes. Answer their questions based on the campus map and following the model.

MODELO: ¿Dónde está la clase de anatomía?
           Está en la Facultad de Medicina que (that) está delante de la cafetería.

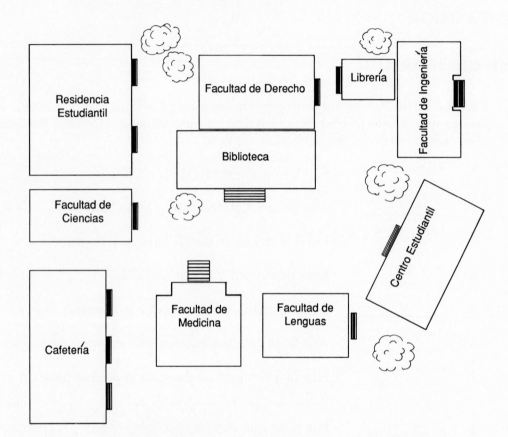

1.   ¿Dónde está la clase de derecho?

_____

2.   ¿Dónde está la clase de ingeniería?

_____

3.   ¿Dónde está la clase de alemán?

_____

4.   ¿Dónde está la clase de química?

_____

3·19 **Consejos.** Using the suggestions in the box, give advice to the following people. Begin each sentence with **Es necesario** or **Hay que**.

preparar un almuerzo magnífico
asistir a una clase de francés
comprar un diccionario de español
comer ahora
doblar a la izquierda en la Calle Central
beber mucho jugo
leer muy bien la novela
ir a la rectoría

1. Creo que estoy enfermo. Tengo calor y mucha sed.

    _____

2. Tengo un examen grande en la clase de literatura.

    _____

3. Mis amigos tienen mucha hambre y van a mi apartamento.

    _____

4. Tenemos que hablar con el presidente de la universidad.

    _____

5. Tenemos interés en hablar otra lengua.

    _____

6. Tenemos que escribir una composición para la clase de español.

    _____

7. ¿Dónde está la residencia estudiantil?

    _____

8. Tengo mucha hambre.

    _____

3·20 **Actividades.** Everyone is busy today. Choose the appropriate verb in parentheses and write the correct form in the blank.

1. (escribir / asistir) Adela _____ a la clase de

   francés mientras yo _____ una composición.

2. (preparar / leer) Mis padres _____ un libro

   mientras nuestra familia _____ una fiesta.

3. (comer / beber) Yo _____ una ensalada

   mientras tú _____ un refresco.

4. (trabajar / tomar) Tú _____ muchos cursos y

   yo _____ en la librería.

5. (doblar / ir) Mi novio _____ a la izquierda y

   nosotros _____ a la derecha.

Estructuras

3·21   **¿Cómo están?** Describe the probable feelings of each person below using **estar** and one
of the adjectives below. Remember to use agreement.

apurado	enfermo	contento
cansado	ocupado	triste
aburrido	enfadado	muerto de cansancio

1. ¡Son las dos y diez y mi clase es a las dos y cuarto!

   Yo _____

2. Tienen que leer una novela, escribir una composición y estudiar para un
   examen.

   Ellos _____

3. El novio de Ana va a visitar el sábado por la noche.

   Ella _____

4. No estudiamos más. Es la medianoche y nosotros

   _____

5. El profesor de historia habla y habla y habla. No es interesante.

   Nosotros _____

6. El perro *(dog)* de Paquito está muerto.

   Paquito _____

7. Tú llegas muy tarde a casa sin *(without)* telefonear.

   Tus padres _____

8. Mi novia no está bien. Va al hospital.

   Ella _____

9. Tú no lees más esta noche. Son las diez.

   Tú _____

3·22 **Una idea.** Susana comes up with an idea during her conversation with Juan. Fill in the blanks with **hay** or a form of the verb **estar**, as needed.

SUSANA: ¡Hola, Juan! ¿Cómo _____?

JUAN: _____ bien, gracias. ¿Y tú?

SUSANA: _____ bien también. Oye,

¿_____ un café cerca de aquí?

JUAN: Sí, un café muy popular _____ muy cerca. ¿Vamos?

SUSANA: Con mucho gusto.

JUAN: ¿Dónde _____ tu apartamento?

SUSANA: _____ en el centro.

JUAN: Bueno, aquí _____ el café.

SUSANA: ¡Uf! _____ muchos estudiantes aquí, ¿verdad?

JUAN: Siempre. ¿_____ en la clase de biología de la

profesora Fernández este semestre?

SUSANA: Sí, y es muy interesante. ¿_____ casada ella?

JUAN: No, _____ soltera ahora.

_____ divorciada.

SUSANA: Ah, mi papá _____ soltero también.

_____ que presentarle a la profesora.

JUAN: _____ que tener cuidado con el amor *(love)*

también.

SUSANA: Tienes razón, Juan.

JUAN: Bueno, ¿_____ apurada o comemos el almuerzo?

SUSANA: Vamos a comer y conversar más...

3·23   **Un día en la vida de Adán.** To find out how Adán spends his day, fill in the blanks with the correct form of the verbs in parentheses.

Hoy _____ (ser) sábado. Adán _____ (abrir)

la librería a las nueve de la mañana. Él _____ (vender) libros y

_____ (recibir) correspondencia que tiene que

_____ (leer). En la universidad, _____

(aprender) mucho sobre los negocios porque _____ (estudiar) la

administración de negocios. Hoy _____ (trabajar) mucho y más

tarde _____ (tener) que _____ (trabajar) más

—para la clase de inglés. Va a _____ (escribir) una composición y

_____ (deber) _____ (leer) el resto de una

novela. _____ (Estar) muy ocupado hoy.

3·24   **Preguntas y respuestas.** Here are some questions a new friend asks you. Fill in the blanks with the correct form of the verbs in parentheses and then answer the questions.

Nombre _____ Fecha _____

1. ¿Qué _____ (aprender) en la universidad?

   _____

2. ¿A qué hora _____ (abrir) el centro estudiantil?

   _____

3. ¿Qué _____ (beber) para el almuerzo?

   _____

4. ¿Qué _____ (deber) hacer por la tarde?

   _____

5. ¿Qué _____ (leer) en la clase de inglés?

   _____

6. ¿_____ (Creer) en el horóscopo?

   _____

7. ¿Qué _____ (hacer) hoy por la noche?

   _____

8. ¿A qué clases _____ (asistir) hoy?

   _____

SÍNTESIS

Lectura

3·25 **Una conversación entre amigos.** Alejandro and Tomás are at their favorite café. Read their conversation and then answer the questions.

ALEJANDRO: ¡Hola, Tomás! ¿Qué hay?

TOMÁS: Pues estoy aquí porque estoy muerto de cansancio. ¡Hoy no estudio más!

ALEJANDRO: Chico, ¿por qué estás tan cansado?

TOMÁS: Tengo que trabajar en el centro estudiantil los sábados y los domingos, tengo que escribir una composición larga para la clase de literatura, necesito estudiar para un examen de química y el cumpleaños de mi novia es el jueves. Hay una fiesta para ella en mi apartamento el viernes y hay que preparar todo eso.

ALEJANDRO: ¡Tranquilo, hombre! Soy tu amigo y no estoy ocupado esta semana. Voy a ayudarte. ¿Qué necesitas?

TOMÁS: Hay que preparar comida y comprar refrescos para la fiesta.

ALEJANDRO: Está bien. Yo hago eso. También voy a trabajar por ti el sábado por la noche.

TOMÁS: ¡Muchísimas gracias, amigo! Ahora la vida no es tan complicada.

Now answer these questions.

1. ¿Cómo está Tomás?

   _____

2. ¿Cuándo trabaja Tomás?

   _____

3. ¿Para qué clase tiene que escribir una composición?

   _____

4. ¿En qué clase tiene examen?

   _____

5. ¿Qué hay en el apartamento de Tomás el viernes? ¿Por qué?

   _____

6. ¿Cómo va a ayudar *(to help)* Alejandro a Tomás?

   _____

Tema de composición

3·26   **Conversaciones.** Write short conversations based on the situations given below.

1. Sofía is lost. She needs directions to the medical school. She meets Ana María in the street, says "Excuse me" and asks where the school is. Ana María says it's necessary to turn to the right and to go between the administration building and the language lab. The medical school is across from the library. Sofía thanks her.

   _____

   _____

   _____

   _____

   _____

_____

_____

_____

_____

_____

2.   Andrés has just met Antonia. He asks what she studies and learns that this
     semester she studies chemistry in the afternoon, and Portuguese and biology in
     the morning. Andrés tells her that he studies math, music and economics. He
     asks her what time her chemistry class is. She answers at 2:30 and asks what
     time it is now. He says it's 2:25. She says she's must leave now. They make
     plans to go to the café later at 5:45.

_____

_____

_____

_____

_____

_____

_____

_____

3·27   **Tu vida universitaria.** Write a two-paragraph essay that describes your university life.
       In the first paragraph, state what you study this semester and describe some of the
       characteristics of your class, classmates and professor, and what you think of them. In
       the second paragraph, describe what you are *going to do* next weekend and some things
       you have to do in the weeks to come. Be creative!

_____

_____

_____

LECCIÓN 4
Las relaciones personales

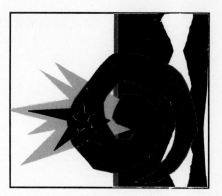

PRIMERA PARTE

¡Así es la vida!

4·1   Una carta de Marilú. Answer the questions in complete sentences according to the letter on page 101 of your text.

1.   ¿De quién recibe una carta Dan Geary? _____

_____

_____

2.   ¿Quién es Marilú Suárez? _____

_____

_____

3.   ¿Dónde está ella ahora? _____

_____

_____

4.   ¿Qué hace Marilú en México? _____

_____

_____

5. ¿Cómo es la familia de Marilú? _____

_____

_____

6. ¿Cuáles son las profesiones de sus padres? _____

_____

_____

7. ¿Cuántos hermanos tiene Marilú? ¿Cómo se llaman? _____

_____

_____

8. ¿Quién es Pedrito? ¿Cómo es? _____

_____

_____

9. ¿Por qué tiene Marilú dificultades en escribir la carta? _____

_____

_____

10. ¿Cuándo regresa a la universidad? _____

_____

_____

¡Así lo decimos!

4·2 **Tu familia.** Describe your familial relationships by filling in the blanks with a word from ¡**Así lo decimos!**

1. El padre de mi padre es mi _____.

2. La hermana de mi madre es mi _____.

3. El esposo de mi hermana es mi _____.

4. Los hijos de mi hermana son mis _____.

5. La madre de mi esposo es mi _____.

6. Las hijas de mi tío son mis _____.

7. La esposa de mi hijo es mi _____.

8. El hijo de mis padres es mi _____.

9. Los padres de mi madre son mis _____.

10. El esposo de mi hija es mi _____.

4·3 **La carta.** Finish this letter to your parents by filling in the blanks with words from the following list.

están jugando	aquí	más inteligente
abogada	cerca	da tanta guerra como
regresar	ruido	cariñosamente
como	enseña	tengo que
está pasando	menores	queridísima

_____ familia,

Aquí estoy en mi cuarto después de _____ de la clase de justicia.

La _____ que _____ la clase es la mujer

_____ del mundo. Los otros estudiantes son simpáticos con

excepción de uno. ¡Este hombre _____ Ernesto a veces! Habla

constantemente. Siempre hace _____.

　Mi amiga _____ el día con su familia. Ella va a su casa a

menudo. Ellos viven _____ de _____. Sus

hermanos _____ _____ al básquetbol hoy y

ella va al partido.

　Bueno, _____ mañana tengo un examen de inglés,

_____ estudiar mucho. Hasta pronto.

　　　　　_____,

　　　Sandra

Estructuras

4·4 **Comparaciones.** Using the cues in English, fill in the blanks to complete the comparisons of family members.

1. En mi familia hay _____ (more than) cinco personas.

2. Ana tiene _____ (as many) amigos _____ (as) tú.

3. Tu familia es _____ (better than — *quality*) su familia.

4. Vuestra cuñada es _____ (more) trabajadora
   _____ (than) nuestra cuñada.

5. Nuestras primas son _____ (as) tímidas _____ (as) tus primas.

6. Enrique es _____ (nicer than) Patricia.

7. Susana es _____ (the prettiest) de la familia.

8. Nuestra madre es _____ (younger than) nuestro padre.

9. Mi hermanito es _____ (the smallest) de la familia.

10. Mi tía trabaja _____ (as much as) mi tío.

4·5 **Mi familia es mejor que tu familia.** Paco likes to top whatever his friend Jorge says. Using comparative and superlative forms, write his responses to Jorge, following the model.

MODELO: JORGE: —Mi familia es fabulosa.
                         (familia / fabulosa / mundo)
               PACO: *Pues, mi familia es más fabulosa que tu familia. Es la familia más fabulosa del mundo.*

1. JORGE: —Mi padre es un muy buen dentista.
                   (madre / mejor / México)

   PACO: —_____

   _____

2. JORGE: —Mis hermanos mayores son muy buenos estudiantes.
(hermana / mejor / colegio)

PACO: —_____

_____

3. JORGE: —Mi perro es muy inteligente.
(perro / inteligente / todos los perros)

PACO: —_____

_____

4. JORGE: —Mis abuelos son muy generosos.
(abuela / generosa / Acapulco)

PACO: —_____

_____

5. JORGE: —Mis primas son muy simpáticas.
(prima / simpática / todo el país)

PACO: —_____

_____

4·6 **Todos somos iguales.** Overhearing Paco's and Jorge's comments, you remind them that it's not always fair to compare people. Use the situations from the previous exercise and write new comparisons according to the model.

MODELO: *Paco, tu familia no es más fabulosa que la familia de Jorge. Es tan fabulosa como la familia de Jorge.*

1. _____

_____

2. _____

_____

3. _____

_____

4. _____

_____

5. _____

_____

4·7   **¡Apenas puedes estudiar!** You've tried to study in your house, but there's too much noise. Describe what each person in the picture is doing, using the following expressions in the present progressive.

tocar la guitarra   escuchar el estéreo
aprender a cantar   mirar la televisión
comer hamburguesas   escribir una carta
hablar por teléfono   servir unos refrescos
hacer aeróbicos   leer un libro

1. Ana _____

2. Margarita _____

3. Pepe _____

4. Clara _____

5. Felipe _____

6. Marta _____

7. Chonín _____

8. Olga _____

9. Alfredo _____

10. Esteban _____

4·8   **Una conversación por teléfono.** Felipe is thinking about his family and calls to see what everyone is doing. His mother picks up the phone and answers all his questions. Using the present progressive and the cues in parentheses, write her answers in the spaces provided. The first one has been done for you.

FELIPE: —¡Hola, mamá? ¿Qué estás haciendo?

MAMÁ: —(preparar la comida) *Estoy preparando la comida.* _____

FELIPE: —¿Y Alberto?

MAMÁ: —(jugar al fútbol) _____

FELIPE: —¿Y Belinda y Chucho?

MAMÁ: —(dormir la siesta) _____

FELIPE: —¿Y Erica?

MAMÁ: —(dar mucha guerra) _____

FELIPE: ¿Y los primos?

MAMÁ: —(comer unos sándwiches) _____

FELIPE: Bueno, hasta pronto, mamá.

¡Así es la vida!

4·9 **Una invitación.** Complete the sentences according to the dialogue on text page 115.

1. Raúl llama a Laura para ver si _____

_____

2. El cine se llama _____

3. En el cine están presentando _____

4. "Lágrimas de amor" es _____

5. Laura le pregunta a Raúl _____

_____

6. La película es _____

7. Raúl pasa por Laura _____

¡Así lo decimos!

4·10 **Más invitaciones.** Laura and Raúl had a wonderful time at the movies and have decided to see each other again. Using the dialogue on page 115 of your text as a model, write brief conversations to suit the following situations.

1. Laura calls Raúl and invites him to go dancing at the new discotheque "La Bamba." He says he would love to and asks her what time she's coming by for him. She answers at 8:15, and then they say good-bye.

_____

_____

_____

_____

_____

_____

_____

_____

2. Raúl calls Laura and asks her if she wants to go to the beach and sunbathe this afternoon. She says thanks, but she can't because she has to visit some friends. She also says that she would like to chat with him at the café tonight. He says fine, and they agree to meet at 10:00 P.M.

_____

_____

_____

_____

_____

_____

_____

_____

4·11 Unas preguntas. Complete each conversation with a response from the following list.

Sí, me encantaría.   Sí, vamos.
Lo siento, pero tengo que estudiar.   Sí, claro.
Te llamo para ver si quieres ir a la playa. A las seis.
Gracias, pero no puedo.   Muchas gracias.

1. —¿Puedes ir al cine esta noche?

   —_____

   —¿A qué hora pasas por mí?

   —_____

2. —¿A qué se debe esta sorpresa?

   —_____

—No puedo. ¿Quieres pasear por el centro conmigo mañana?

—_____

3. —¡Qué bonita estás!

—_____

—¿Vamos a la fiesta esta noche?

—_____. ¿A qué hora pasas por mí?

4. —¿Quieres correr por el parque conmigo esta tarde?

—_____. Tengo que trabajar.

—¿Puedes ir a escuchar la orquesta esta noche?

—_____

4·12 **Actividades.** Using the words in parentheses, answer the following questions in complete sentences, according to the model.

MODELO: ¿Qué estás haciendo? (mirar la televisión)
Estoy mirando la televisión.

1. ¿Qué están presentando? (una película divertida)

_____

2. ¿Qué está haciendo Raúl? (conversar en un café)

_____

3. ¿Qué estás mirando? (una película de horror)

_____

4. ¿Qué estás escuchando? (la orquesta nueva)

_____

5. ¿Dónde están tus amigos? (pasear por el centro)

_____

Estructuras

4·13 **Pasatiempos.** Using the verbs in parentheses, fill in the blanks to find out what these people do.

1. (querer) Elena _____ ir al centro. Nosotros también

   _____ ir con ella. ¿_____ vosotros ir

   con nosotros? Y tú, ¿adónde _____ ir?

2. (preferir) Mis amigos _____ pasear por el centro. Rodolfo

   _____ correr por el parque. ¿Qué _____

   Ud.? Yo _____ conversar con mis amigos en un café.

   ¿_____ Uds. ir a un café o a un parque?

3. (pensar) Yo _____ visitar a mis amigos el sábado. Mis

   hermanas _____ ir al cine. ¿_____

   vosotros ir a la fiesta de Juan? Sandra _____ ir también.

   ¿_____ tú ir con ella?

4·14 **Tu familia.** Answer these questions about your family in complete sentences.

1. ¿Tienes muchos hermanos?

   _____

   _____

2. ¿Vienen mucho a la universidad?

   _____

   _____

3. ¿Piensas visitar a tu familia pronto? ¿Cuándo?

   _____

   _____

4. ¿Entienden tus padres español?

_____

_____

5. ¿Qué prefieres hacer con tu familia: tener una fiesta o conversar?

_____

_____

4·15 Mi familia. Fill in the blanks with a form of **ser** or **estar** to complete the descriptions of the following people.

1. **Mi padre**

Mi padre _____ alto y delgado, y _____

ecuatoriano. Pero ahora _____ en los Estados Unidos

donde _____ trabajando para una compañía internacional.

_____ un hombre muy trabajador. Él _____

contento aquí en los EE.UU. porque toda la familia _____

aquí también.

2. **Mis primas**

Mis primas _____ muy bonitas, pero esta noche

_____ especialmente bonitas porque van a una fiesta con

sus novios. La fiesta _____ a las nueve.

_____ las ocho ahora y ellas _____

preparándose para la fiesta. La fiesta _____ en nuestra

casa.

3. **Mi familia y yo**

Mi familia _____ fantástica. Mis hermanos mayores

_____ muy divertidos. Mis padres _____

buenos. Su aniversario _____ mañana. Mi madre

_____ abogada y mi padre _____

profesor. Yo _____ muy contenta con mi familia, con

excepción de mi hermana menor. Ella _____ antipática y

aburrida. No, no _____ verdad. Ella

_____ muy simpática y bonita en realidad.

4·16 **Entrevista.** Answer these questions about yourself and your family.

      MODELO: **Tú**
                        ¿Enfermo(a)?
                        Sí, estoy enfermo(a). (or) *No, no estoy enfermo(a).*

Tu familia

    1.   ¿De los EE.UU.? _____

    2.   ¿En la universidad ahora? _____

    3.   ¿Grande? _____

    4.   ¿Trabajando? _____

Tú

    5.   ¿Una buena persona? _____

    6.   ¿Listo(a)? _____

    7.   ¿Listo(a) para ir al cine? _____

    8.   ¿Estudiando? _____

    9.   ¿Alto(a)? _____

Vosotros (tú y tu familia)

    10.   ¿Españoles? _____

    11.   ¿En casa? _____

    12.   ¿Enfermos? _____

4·17 Descripciones. Your roommate is meeting some friends of yours at the airport. Give him/her a description of these people to help identify them.

Chucho   Marina   Carlos

1. _____

_____

_____

_____

_____

2. _____

_____

_____

_____

_____

3. _____

_____

_____

_____

_____

4·18 **Una entrevista.** You and your friend are discussing your common acquaintances. Fill in the blanks with the correct form of the verb **saber** or **conocer** and then answer the questions.

1. ¿_____ (tú) bien a mis primas?

   _____

2. ¿_____ (tú) dónde viven exactamente?

   _____

3. ¿_____ (tú) también a mis tíos?

   _____

4. ¿_____ mi tía que tú eres mi amigo(a)?

   _____

5. ¿_____ (ellas) cuándo es la reunión de toda la familia?

   _____

4·19 **Más información.** Your friend wants to know more about your cousins. Fill in the blanks with the correct form of **saber** or **conocer**.

1. ¿_____ ellas jugar al vólibol?

2. ¿_____ ellas a toda tu familia también?

3. ¿_____ Marcela bailar bien?

4. ¿_____ (ellas) a tus padres también?

5. ¿_____ (tú) si visitan en diciembre?

6. ¿_____ (ellas) que yo estudio español?

7. ¿_____ Anita que vives conmigo en la universidad?

8. ¿_____ (tú) al novio de Anita?

9. ¿_____ Marcela hablar francés?

10. ¿_____ (tú) a mis tíos?

SÍNTESIS

4·20   Un viaje. Read this letter Cristina received from her friend Verónica, who is on vacation in Cancún, Mexico. Then, answer the questions that follow in complete sentences.

¡Hola, Cristina!

¡Aquí estoy, tomando el sol en una de las playas más bonitas del mundo! Hace muy buen tiempo y todo está bien. Carmen está en un café cerca de aquí conversando con unos estudiantes de otra universidad. Ellos también están pasando las vacaciones aquí. Esta tarde pensamos nadar un poco y después vamos a dormir una siesta. Esta noche vamos a bailar en una discoteca nueva. ¿Sabes que mañana vamos a visitar las ruinas de Chichén Itzá? ¡Me encanta México!

Y tú, ¿cómo estás? ¿Cómo pasas las vacaciones? ¿Estás escribiendo el trabajo para la clase de historia? ¿Estás trabajando para tu papá?

Bueno, viene Carmen. Vamos a correr un poco por la playa y luego regresar al hotel a comer. ¡Hasta pronto! ¡Buenas vacaciones!

Abrazos,

Verónica

1.   ¿Dónde está Verónica? ¿Por qué está allí?

   _____

2.   ¿Qué está haciendo ella?

   _____

3.   ¿Qué van a hacer ella y Carmen por la tarde?

   _____

4.   ¿Adónde va ella esta noche?

   _____

5.   ¿Dónde está Carmen? ¿Qué está haciendo?

   _____

6. ¿Adónde van las chicas mañana?

_____

7. ¿Qué piensa Verónica que Cristina está haciendo?

_____

8. Antes de regresar al hotel, ¿qué van a hacer las chicas?

_____

4·21 **Conversaciones.** Complete these brief conversations with appropriate statements and/or questions.

1. —¡Hola! ¿Cómo te llamas?

— _____

—Me llamo Carlos. ¿De dónde eres?

— _____

—Soy de Los Angeles. ¿Qué estudias aquí?

— _____

—Estudio matemáticas. Bueno, tengo que estudiar ahora. ¡Adiós!

2. —¡Hola, Alfredo! ¿Cómo estás?

— _____

—¿Conoces a Susana Arias?

—Sí, _____

—¿Cómo es ella?

— _____

—¿Sabe hablar bien el español?

—Sí, _____

—Porque necesito ayuda. Hasta luego.

3. —¡Hola, Ángela! ¿Qué estás haciendo?

—_____

—¿Yo? Estoy estudiando para el examen. ¿Estás lista?

—_____

—Ay, Ana es más inteligente que Pedro. ¿Quién trabaja más?

—_____

—No sé. Creo que Pedro trabaja más que Ana. Bueno, tengo que estudiar más. ¡Adiós!

4. —¡Hola, amigas! ¿Qué prefieren hacer: ir al cine o a la fiesta de Carlos?

—_____

—Yo prefiero ir a la fiesta porque Paco va a estar allí.

—_____

—Paco es el chico más guapo de la universidad.

—_____

—Es bajo, rubio, guapo y muy inteligente.

—_____

5. —¡Hola, Pedro! ¿Puedes ir al cine esta noche?

—_____

—Ay, no. ¿Quieres ir mañana?

—_____

—¿A qué hora paso por ti?

—_____

—¿Puedes ir al café después de la película?

—_____

—Bueno, ¡hasta mañana!

Lectura

Mundo hispánico: ¡México lindo!

Preview

In this lesson you will practice the reading skills presented in *Workbook Lessons 1 and 2*. You may wish to review the directions for *skimming* and *scanning* in those lessons.

4·22   Skim the text of the **Mundo hispánico** on page 133-135 in search of the following features.

1.   What do the pictures and charts accompanying this text suggest to you?

_____

_____

_____

_____

_____

_____

_____

_____

2.   Skim the text for cognates and for the words that point to the main idea in each of the categories below:

Cognates: _____

_____

_____

¿Quién?: _____

_____

_____

¿Qué?: _____

_____

_____

¿Dónde?: _____

_____

_____

¿Cuándo?: _____

_____

_____

3. Based on the information you gained in parts 1 and 2 above, write one or two sentences in English that summarize your hypothesis about the main idea of this text.

_____

_____

_____

4·23 Now scan the text, as described in *Lesson 2*, for the following specific information to help you determine the point of view expressed in this text.

1. Scan the text for section titles, and list them below (with notes on their contents in English, if necessary).

_____

_____

_____

_____

_____

_____

_____

_____

2. Now that you have identified the sections of the text, check your hypothesis regarding the main idea. Would you expect to find these sections in an article about Mexico? Why or why not? What other information would you expect to find?

_____

_____

_____

_____

_____

_____

_____

3. What do these categories and gaps suggest to you about the point of view expressed in this text? What do the authors want you to think (or *not* think) about Mexico? Does this view of Mexico match what you know about Mexico?

_____

_____

_____

_____

_____

_____

_____

Tema de composición

4·24 **Tu viaje a México.** Reread the **Mundo hispánico** section on page 133 of your text. Assume that you were accepted for a study abroad program in Mexico and that you need to write a letter of introduction to the parents of the host family with whom you will live. In the first paragraph, give your age and some details about your origins and your family. In the second paragraph, talk about your studies, which courses you find interesting and what you plan to do in the future. In the third paragraph, close the letter by telling something about what you plan to see and do in Mexico.

Estimados señores,

_____

_____

_____

_____

_____

_____

_____

_____

_____

_____

_____

Sinceramente,

_____

LECCIÓN 5
¡A divertirnos!

PRIMERA PARTE

¡Así es la vida!

5·1 **El fin de semana.** Reread the conversations on page 137 of your text and complete each sentence accordingly.

Escena 1

1. Hoy es _____

2. El problema de Karen y Ricardo es que no saben _____

_____

3. Como quieren información sobre las actividades para este sábado, ellos están

_____

_____

4. Una actividad posible es _____

5. Karen no quiere ir al partido porque _____

_____

6. Otra actividad posible es _____

Escena 2

7. En la opinión de Linnette, es un día perfecto para

_____ porque _____

_____

8. En Luquillo, Linnette quiere _____

9. Primero, Scott va a preparar _____ y luego él

    decide _____

10. Ricardo va a _____

Escena 3

11. Linnette no ve _____ en

    _____

12. Scott cree que los trajes de baño _____

13. Ahora los amigos no _____

¡Así lo decimos!

5·2 **¿Qué te parece?** Your friends have suggested various activities for the weekend. React to each, using an expression from the following list.

¡Magnífico!	¡Ideal!
¡Bárbaro!	¡Fabuloso!
¡Fantástico!	¡Estupendo!
Es una buena/mala idea.	Sí,/No tienes razón.
Me da igual.	No sé. ¿Qué te parece?

1. —No hace buen tiempo. ¿Vamos a la playa?

    —_____

2. —¿Vamos al concierto o al cine?

    —_____

3. —Es un día perfecto para ir al mar, ¿verdad?

    —_____

4. —¿Qué vamos a hacer hoy?

    —_____

5. —¿Qué te parece ir a la fiesta esta noche?

   —_____

6. —¿Vamos a un concierto de música popular?

   —_____

7. —¿Qué tal si hacemos un picnic?

   —_____

8. —¿Por qué no damos un paseo?

   —_____

5·3 **¿Qué tiempo hace?** Describe the following pictures, using as many weather expressions as possible.

1.

2.

_____   _____

_____   _____

_____   _____

_____   _____

_____   _____

_____   _____

3.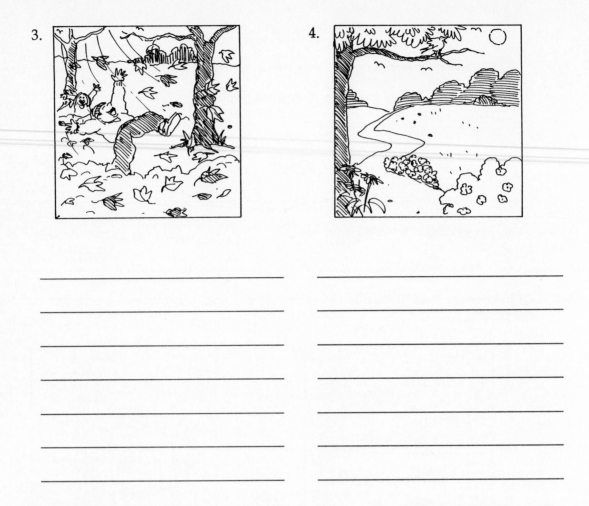

4.

_____   _____
_____   _____
_____   _____
_____   _____
_____   _____
_____   _____
_____   _____

5·4 **¿Dónde están estas cosas?** No one can find anything today. Look at the picture and answer the questions.

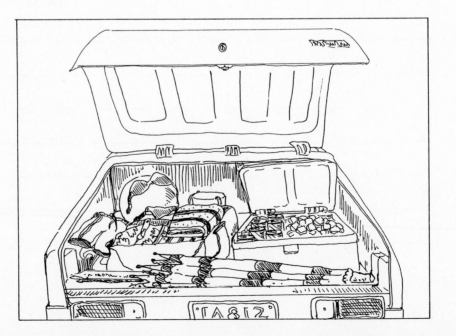

1. ¿Dónde están las toallas? _____

2. ¿Dónde está la sombrilla? _____

3. ¿Dónde están los refrescos? _____

4. ¿Dónde está la bolsa? _____

5. ¿Dónde están los trajes de baño? _____

5·5 **¿Qué tiempo hace?** Complete the sentences logically. The first one has been done for you.

1. En diciembre _hace frío y nieva_ _____

2. En otoño _____

3. Cuando voy a la playa _____

4. Necesito otro suéter cuando _____

5. En la primavera _____

6. Cuando hace _____ yo _____

7. En el verano _____

8. Cuando no _____ yo _____

Estructuras

5·6 **Varias situaciones.** Fill in the blanks with the correct form of the indicated verb.

1. **poner**

   Ana y Pepe siempre _____ sus libros en la mochila. Yo

   _____ mis libros en una bolsa grande. Y tú, ¿dónde

   _____ tus libros? Mi amigo Raúl no

   _____ sus libros en una mochila. ¡Los deja en su coche!

2. **salir (a, de, con)**

Anita _____ Teodoro. Ellos _____

nadar todas las tardes y por la noche _____ comer en un

restaurante. ¡Qué vida! Yo _____ la casa a las ocho de la

mañana y _____ trabajo a las cinco. Por lo general, mis

amigos y yo no _____ los restaurantes. ¡Son muy caros!

3. **ver**

¿Qué _____ tú en la televisión? Mi padre

_____ los partidos de béisbol y mis hermanos

_____ los programas de niños. Mi madre y yo

_____ los programas informativos. Yo también

_____ las telenovelas *(soap operas)*.

4. **hacer**

¿Qué _____ tú ahora? Yo _____ mi trabajo

para la clase de historia. Mis amigos _____ ejercicios de

matemáticas. Vamos a _____ un picnic el sábado si

_____ buen tiempo.

5. **traer**

¿Qué _____ tú para la fiesta de Raúl? Su cumpleaños es

mañana. Yo _____ una calculadora y Teresa

_____ un disco nuevo. Quique y Eduardo

_____ una novela.

5·7 **Los planes.** These friends have plans for the weekend. Fill in the blanks with a form (conjugated or infinitive) of the most logical verb: **salir, poner, ver, hacer** or **traer.**

Federico y Timoteo _____ hoy para pasar un fin de semana

extraordinario. Timoteo _____ los sándwiches y los refrescos.

Federico _____ las reservaciones para el hotel. Los dos

_____ todas las cosas necesarias en el baúl del coche de Federico.

Piensan _____ a las tres de la tarde. A las dos y media Timoteo

llama a Federico.

TIMOTEO: ¡Hola, Federico! ¿A qué hora _____ (nosotros)?

FEDERICO: En 30 minutos. Yo _____ mis cosas en el coche

ahora.

TIMOTEO: Fede, no es posible _____ a las tres. Necesito

_____ a mi profesor de historia antes de

_____. ¿Qué _____ yo?

FEDERICO: ¿A qué hora tienes que _____ a tu profesor?

TIMOTEO: A las tres y cuarto. (Yo) _____ de mi casa ahora.

FEDERICO: Chico, no hay problema. Tú y yo _____ a las

cuatro...

5·8   **El fin de semana.** Everyone has plans for the weekend. Fill in the blanks with the
personal **a** when needed.

1.   Enrique va a ver _____ Antonio y _____ Sandra.

2.   Llevo _____ mis hermanos a la playa.

3.   Leo _____ una novela interesante.

4.   Vamos a visitar _____ la playa y luego _____ mi familia.

5.   Invito _____ Rodolfo a la fiesta.

6.   Necesitamos llevar _____ refrescos y _____ sándwiches a la
fiesta.

7.   Anita compra _____ un suéter para mí.

8. Llamamos _____ Sandra y _____ sus amigos.

9. Raúl tiene _____ tres amigos que visitan.

10. Vamos a invitar _____ los parientes de Rafael.

5·9 **Los planes.** You and a friend are planning a day trip and deciding what you need to bring. Follow the model.

MODELO: —¿Necesitamos los libros? (no)
—*No, no los necesitamos.*

1. —¿Llevamos los trajes de baño? (sí)

—_____

2. —¿Necesitamos la heladera? (sí)

—_____

3. —¿Estamos esperando a Lucía? (sí)

—_____

4. —¿Necesitamos las toallas? (sí)

—_____

5. —¿Traemos la sombrilla? (no)

—_____

6. —¿Llevamos a Salvador? (no)

—_____

7. —¿Hacemos los sándwiches? (no)

—_____

8. —¿Vamos a comprar los refrescos? (sí)

—_____

9. —¿Necesitamos llevar las bolsas? (no)

—_____

10. —¿Compramos el hielo? (sí)

— _____

5·10   **Los planes continúan.** Answer each question, replacing the direct object with the appropriate pronoun. Follow the model.

MODELO: —¿Vamos a esperar a Lucía? (no)
              —*No, no vamos a esperarla.*
                  or
              —*No, no la vamos a esperar.*

1.   —¿Hay que comprar otra toalla? (no)

— _____

2.   —¿Tenemos que invitar a Raúl también? (no)

— _____

3.   —¿Vamos a poner la heladera en el baúl? (sí)

— _____

4.   —¿Es necesario leer los anuncios antes de salir? (no)

— _____

5.   —¿Tenemos que hacer las lecciones antes de salir? (sí)

— _____

6.   —¿Hay que poner el cesto en el baúl? (sí)

— _____

SEGUNDA PARTE

¡Así es la vida!

5·11   **Los deportes.** Reread the opinions expressed by the people on pages 148 of your text. Then answer the questions below in complete sentences.

1.   ¿A qué deporte juega María en el verano?

_____

2. ¿Qué otros deportes practica ella?

_____

3. ¿Qué hace en el invierno? ¿Adónde va?

_____

4. ¿Quién es su deportista favorita?

_____

5. ¿Cuál es la profesión de Daniel?

_____

6. ¿Qué características necesitan tener sus jugadores?

_____

7. ¿Qué grita cuando sus jugadores juegan bien?

_____

8. ¿Qué opina de los árbitros?

_____

9. ¿Cuál es el deporte favorito de Fernando?

_____

10. ¿Cuál es su posición en el equipo?

_____

11. ¿Qué talento tiene?

_____

12. ¿Cuáles son los meses de la temporada de béisbol?

_____

13. ¿Por qué le gusta a Alejandra el tenis?

_____

14. ¿Por qué no le gusta el golf?

    _____

15. ¿Por qué no le gusta el boxeo?

    _____

16. ¿Qué deporte no entiende bien? ¿Le gusta?

    _____

¡Así lo decimos!

5·12 **Los deportes.** Explain the following sports to someone unfamiliar with them, by completing each sentence.

1. Para jugar al tenis, necesito _____ y

    _____ .

2. Para jugar al béisbol, necesito _____ y

    _____ .

3. Para jugar al básquetbol, necesito _____ y

    _____ .

4. Juego al fútbol en _____ .

5. Cuando hay errores en un partido, _____ los

    anuncia.

6. _____ gritan mucho durante un campeonato,

    especialmente _____ .

7. Las personas que juegan a un deporte se llaman _____

    y la persona que juega muy bien es _____ .

8. _____ enseña a los jugadores.

9. Todos los jugadores forman _____ .

10. Cuando dos equipos _____ , no ganan y no pierden.

5·13   **Asociaciones.** Match the columns.

1. _____ correr   a. no ganar, no perder

2. _____ empatar   b. la natación

3. _____ gritar   c. una bicicleta

4. _____ esquiar   d. el béisbol

5. _____ nadar   e. el atletismo

6. _____ el jardinero   f. el hockey

7. _____ la estrella   g. el (la) campeón(a)

8. _____ el ciclismo   h. el (la) aficionado(a)

9. _____ patinar   i. la raqueta

10. _____ el tenista   j. los esquís

5·14   **¿Qué gritas?** Choosing from the list below, write what you would scream during a game in the following situations.

¡Abajo!   ¡Ahora!
¡Arriba!   ¡Viva!
¡Dale!   ¡Qué pase!
¡Vamos!   ¡Qué jugada!

1. El árbitro no tiene razón. _____

2. Tu equipo favorito pierde. _____

3. Tu equipo favorito gana. _____

4. Hay dos minutos más y la estrella del equipo entra en la cancha.

   _____

5. Un jugador pasa el balón muy bien. _____

6. Una jugadora favorita intercepta el balón. _____

7. Un jugador no batea bien hoy. _____

8. Los dos equipos empatan. _____

9. Un jugador pierde el balón. _____

10. Tu equipo gana el campeonato. _____

5·15 **¿Te gustan los deportes?** Describe your attitude toward the following sports. Begin each sentence with **Me gusta** or **No me gusta** and include a reason why, using one of the adjectives from the list.

MODELO: el tenis *Me gusta el tenis porque es muy activo.*

aburrido	rápido	emocionante
violento	interesante	divertido
agresivo	disciplinado	lento
activo		

1. el básquetbol _____

2. la natación _____

3. el ciclismo _____

4. el hockey _____

5. el tenis de mesa _____

6. el esquí _____

Estructuras

5·16 **El sueño.** Fill in the blanks with the correct form of the verb in parentheses to find out what Alejandra's little brother's dream is.

Alejandra y sus amigas siempre _____ (almorzar) en la cafetería

de la escuela. Yo no _____ (almorzar) con ellas. Yo

_____ (ser) el hermanito de Alejandra. A las dos de la tarde, ellas

_____ (volver) a casa y _____ (ir) a la cancha

o al gimnasio si _____ (llover). Ellas _____

(jugar) al básquetbol y _____ (soñar) con ganar el campeonato de

la ciudad. Alejandra _____ (poder) _____

(jugar) muy bien, pero Sofía es la estrella del equipo.

¡Ella casi _____ (volar) por la cancha! Yo _____

(entender) muy bien el básquetbol y _____ (ir) a todos los partidos

de mi hermana. Las entradas no _____ (costar) mucho y por eso

yo _____ (poder) asistir siempre. Yo _____

(pensar) que este equipo _____ (jugar) mejor que los otros

equipos. Si yo te _____ (contar) que ellas no van a

_____ (perder), tú lo _____ (poder) creer.

5·17 **El partido.** Fill in the blank with the correct form of an appropriate verb from the list.

volver	contar	dormir
empezar	llover	encontrar
poder	almorzar	mostrar

1. Mamá tiene sueño. Probablemente ella _____.

2. El jugador busca el balón pero no _____ encontrarlo.

3. El entrenador nos _____ fotos del pase perfecto.

4. El árbitro _____ el número de jugadores en la cancha.

5. Susana tiene mucha hambre. Ella y yo _____ en la

   cafetería.

6. El partido _____ a las seis pero Rodolfo no

   _____ hasta las ocho.

7. Si Anita _____ a su novio, van a asistir al partido.

8. Si _____ y hace frío, no voy porque no tengo coche.

5·18 **Situaciones deportivas.** Fill in each blank with the appropriate indirect object pronoun to match the indirect object in boldface.

1. El entrenador _____ enseña el pase **a la jugadora.**

2. **A mí** no _____ gusta el boxeo porque es violento.

3. ¿El jugador _____ habla **a ti?**

SÍNTESIS

Lectura

Mundo hispánico: Países hispánicos del Caribe

Preview

In this lesson you will review the reading skills that you used in previous lessons and learn other techniques for analyzing the point of view of a text.

5·23   Skim the text on pages 169-171 for the following features.

1.   What do the pictures and graphics suggest to you? Why was each included and placed where it is?

_____

_____

_____

_____

_____

_____

_____

_____

2.   Skim the entire text and write in Spanish the "main idea" words of the passage for each of the following categories.

¿Quién?: _____

_____

_____

¿Qué?: _____

_____

_____

¿Dónde?: _____

_____

_____

¿Cuándo?: _____

_____

_____

3. Skim the entire text, based on your list of words above, write one or two sentences in English that summarize your hypothesis about the main idea of the text.

_____

_____

_____

4. Now scan the text for section titles. List each title below with a note on its contents in English, if necessary.

_____

_____

_____

_____

_____

_____

5. Check your reading hypothesis. Are these the sections of information that you would expect in an article about Spanish-speaking countries in the Caribbean? Why or why not?

_____

_____

5·24 As you learned in *Lesson 5*, the manner in which an author constructs an argument provides important information about the mind-set of its author. As you reread the text for detail, try to uncover the author's point of view about each country's history or culture as contrasted with your own, by performing the following tasks.

1. Complete the following chart with information about the countries of the Caribbean to help you identify how the text presents its argument.

País	Fecha	Evento significativo

2. Decide what would make this text more or less interesting to you. With reference to the information pattern you uncovered in part 1 above, be prepared to compare your point of view with the mind-set you found expressed in the text and pictures, and discuss this briefly in class as you work on the details of the text.

Temas de composición

5·25 **Cuestionario.** You are working for the student activity center and have to ask a classmate various questions. You need to find out this information: what is his/her favorite sport, what he/she does on the weekend, what sports he/she plays, where he/she has lunch, at what time he/she returns home from class each day, what he/she does when it is raining/cold/hot, and who his/her favorite professional sports figure is. Write your questions below and then interview a classmate and record his/her answers.

1. ¿_____?

_____

2. ¿_____?

_____

3. ¿_____?

_____

4. ¿_____?

_____

5. ¿_____?

_____

6. ¿_____?

_____

7. ¿_____?

_____

8. ¿_____?

_____

9. ¿_____?

_____

Now organize the information your classmate has given you in paragraph form to tell about his/her activities.

_____

_____

_____

_____

_____

_____

_____

_____

_____

_____

_____

_____

_____

_____

_____

_____

_____

5·26   **Un partido.** Based on the two pictures, create a story about Raúl. Try to use as much
vocabulary from the chapter as possible and be creative. For example, decide how old
he is, where he is from, what his ambitions are, and how he feels about his team.
Describe the ball field, the weather and the fans.

_____

_____

_____

_____

_____

LECCIÓN 6
La comida

PRIMERA PARTE

¡Así es la vida!

6·1   **¡Buen provecho!** Reread the conversation on pages 173 of your text and indicate whether the following statements are **C (Cierto)** or **F (Falso)**.

Escena 1

1. Marta no tiene hambre.   C   F

2. A Marta le gustan mucho las hamburguesas.   C   F

3. Marta quiere ir al restaurante Don Pepe.   C   F

4. En el restaurante Don Pepe, no sirven comida hispana.   C   F

Escena 2

5. El camarero no tiene mucha prisa.   C   F

6. Marta no quiere beber nada.   C   F

7. Arturo quiere beber una *coca-cola*.   C   F

Escena 3

8. La especialidad de la casa son los caracoles.   C   F

9. No se cocinan los caracoles.   C   F

10. A Marta le gustan mucho los caracoles crudos.   C   F

11. Arturo pide un bistec de solomillo y una ensalada.   C   F

12.	A Arturo no le gustan mucho los caracoles.	C	F
13.	La comida de Marta está muy buena.	C	F
14.	A Marta le gusta la carne cruda.	C	F
15.	Marta quiere volver a este restaurante otra vez.	C	F

¡Así lo decimos!

6·2 **Comentarios.** How would you respond to each question or statement below in a restaurant? Choose the best responses from the list below and write them on the lines provided.

Buen provecho.
Enseguida.
Sí, me muero de hambre.
La especialidad de la casa es el cerdo.
Sí, quisiera el pollo asado.
Solamente la cuenta, por favor.
Están como para chuparse los dedos.

1. Hola, Ana. ¿Quieres almorzar conmigo?

    _____

2. ¿Qué recomienda Ud.?

    _____

3. ¿Cómo están los camarones?

    _____

4. ¿Puedo traerles algo más?

    _____

5. Camarero, ¿puede Ud. traernos más vino?

    _____

6. Bueno, aquí están las comidas.

    _____

Nombre _____ Fecha _____

7.   ¿Quisiera Ud. pedir ahora?

_____

6·3   Los utensilios de la mesa. What table utensils from the picture on page 176 of your text are needed in the following situations? Write the name(s) of the utensil(s).

1.   para tomar café solo _____

2.   para comer cereal _____

3.   para tomar leche _____

4.   para comer ensalada de lechuga y tomate _____

5.   para comer una chuleta de cerdo _____

6.   para tomar sopa de vegetales _____

7.   después de comer _____

8.   se sirve la comida en esto _____

6·4   Categorías. Fill in the blanks with foods that fit each category.

1.   sándwiches _____

_____

2.   legumbres verdes _____

_____

3.   legumbres rojas _____

_____

4.   refrescos _____

_____

5.   legumbres redondas _____

_____

6.   frutas rojas _____

_____

7. frutas pequeñas _____

_____

8. frutas verdes _____

_____

6·5   **¿Cómo están estas comidas?** Comment on the quality of the food, by using **está** and an adjective to fit each situation.

1. Es un buen restaurante. Toda la comida _____

2. Es un mal restaurante. Toda la comida _____

3. Camarero, quisiera un bistec bien cocido. Este bistec _____

4. En este restaurante, los caracoles _____

5. ¡Esta sopa está fría! A mí no me gusta la sopa, si no _____

6·6   **Cuestionario.** You and a friend are discussing food. Answer these questions.

1. ¿A qué hora almuerzas?

_____

2. ¿Qué comes en el almuerzo normalmente?

_____

3. ¿Dónde cenas?

_____

4. ¿Desayunas? ¿Qué te gusta desayunar?

_____

5. ¿Te gusta probar platos nuevos? ¿Qué no pruebas?

_____

Estructuras

6·7   **Una cena especial.** Complete each sentence with the correct form of the stem-changing verbs in parentheses.

A veces, Ana _____ (reñir) con su novio, Cristo. Después de

_____ (reñir), uno de ellos siempre _____

(decir) "Lo siento". Esta noche, Cristo tiene un plan diferente. Va a

_____ (servir) una cena especial a Ana. Entonces, Cristo

_____ (conseguir) toda la comida necesaria: langosta, lechuga,

tomate, vino, etc. Sabe que a Ana le gusta mucho la langosta y compra dos langostas

para ella. Ella siempre la _____ (pedir) en los restaurantes y

¡siempre la _____ (repetir)! Luego, _____

(seguir) a Ana a su apartamento para darle la sorpresa. Le _____

(servir) la cena a las ocho. Cuando la ve, Ana le _____ (decir) a

Cristo que es una cena muy especial.

6·8   **Un día en la vida de Tomás.** Fill in the blanks with the correct forms of the stem-changing verbs in parentheses.

Todos los días, Tomás _____ (tener) que asistir a tres clases. La

primera clase _____ (empezar) a las ocho de la mañana y, a esa

hora, Tomás está cansado. Cuando _____ (poder),

_____ (preferir) _____ (dormir) hasta muy

tarde. A las once y media, _____ (almorzar). Casi siempre

_____ (pedir) una hamburguesa y papas fritas en el centro estudiantil.

Según Tomás, el centro _____ (servir) las mejores hamburguesas

del mundo. A las dos, _____ (volver) a su residencia y

_____ (comenzar) a estudiar. _____ (Querer)

salir, pero sabe que los estudios son importantes. A las cuatro _____

(jugar) al fútbol con unos amigos. _____ (Decir) que es su deporte favorito. Después, cenan en la cafetería porque _____ (pensar)

que la comida es bastante buena ahí. Finalmente, a las ocho termina su día.

6·9 **De compras.** You are shopping and want to buy the following items. Follow the model, using the demonstrative adjective *this*.

MODELO: Quiero **estas** naranjas.

1.

2.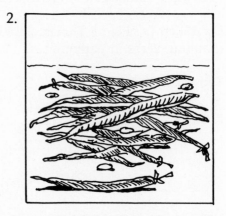

3.

4.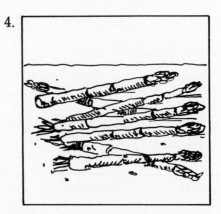

5.

6.

1. _____

2. _____

3. _____

4. _____

5. _____

6. _____

6·10 **¿Qué sirve el camarero?** Following the model, tell what the waiter is serving.

MODELO: (camarones / caracoles)
CAMARERO: *¿Desea probar estos camarones?*
CLIENTE: *No, gracias. Prefiero comer esos caracoles.*

1. (plato típico / sándwich)

CAMARERO: _____

CLIENTE: _____

2. (tostadas / huevos revueltos)

CAMARERO: _____

CLIENTE: _____

3. (sándwich de queso / sopa de vegetales)

CAMARERO: _____

CLIENTE: _____

4. (legumbres / frutas)

CAMARERO: _____

CLIENTE: _____

5. (filete de res / langosta)

CAMARERO: _____

CLIENTE: _____

6. (chuleta de cerdo / filete de pescado)

CAMARERO: _____

CLIENTE: _____

6·11 **Recuerdos.** You and a friend are remembering great foods you have eaten in the past. Follow the model.

MODELO: (langosta) *¿Recuerdas **aquella** langosta?*

1. (flan) _____

2. (sopa de vegetales) _____

3. (almuerzo en casa de Ricardo) _____

_____

4. (atún) _____

5. (frutas en México) _____

6. (huevos revueltos) _____

6·12 **¿Qué prefieres?** At the market, a vendor asks you which of the following foods you would like to buy. Reply, following the model.

MODELO: manzanas (este / ése)
Prefiero estas manzanas, no ésas.

1. pan (este / ése) _____

2. legumbres (ese /aquél) _____

3. camarones (ese / aquél) _____

4. helado (este / ése) _____

5. torta (ese /aquél) _____

6. gaseosas (ese / aquél) _____

6·13 **¿Qué más prefieres?** The vendor is still trying to sell more things to you. Follow the model and fill in his sentences with the demonstrative pronouns.

MODELO: Las naranjas son buenas. *¿Quiere éstas o ésas (aquéllas)?*

1. Los postres son sabrosos. ¿Prefiere _____ o _____?

2. Las legumbres son frescas. ¿Quiere _____ o _____?

3. El flan es delicioso. ¿Prefiere _____ o _____?

4. Las carnes son buenas. ¿Prefiere _____ o _____?

5. La cerveza está fría. ¿Quiere _____ o _____?

6. Los camarones son buenos. ¿Prefiere _____ o _____?

6·14 **Una cena horrible.** You can hardly believe what your friend is saying. Following the model, express your disbelief by repeating what you were told, replacing nouns with direct and indirect object pronouns.

MODELO: La camarera no les trae el menú.
           ¿Cómo? ¿No se lo trae?

1. La camarera no les repite las especialidades a mis padres.

   _____

2. Ella no les trae las bebidas.

   _____

3. Por fin les consigue la copa de vino.

   _____

4. Ella les sirve camarones a mis padres.

_____

5. Ellos no le piden camarones a la camarera.

_____

6. Ella no les prepara la cuenta.

_____

7. Ellos no le dan la propina (tip) a ella.

_____

8. Mis padres le van a pedir la cuenta al camarero ahora.

_____

6·15   **Actividades en el restaurante.** Following the model, replace all nouns in the sentences below with direct and indirect object pronouns.

MODELO: ¿El camarero le está trayendo el menú al señor?
            Sí, se lo está trayendo (está trayéndoselo).

1. ¿La camarera les está llevando los platos a los clientes?

_____

2. ¿Los clientes alemanes les están pidiendo el desayuno a los camareros?

_____

3. ¿Le están preparando el desayuno a Miguel?

_____

4. ¿El camarero te está sirviendo los huevos fritos?

_____

5. ¿Nosotros le estamos pagando la cuenta a nuestro amigo?

_____

6. ¿Nos está trayendo el vino el camarero?

_____

SEGUNDA PARTE

¡Así es la vida!

6·16   **En la cocina.** Reread page 191 of your text and answer the questions in complete sentences.

1. ¿Qué va a cocinar la tía Julia hoy?

    _____

2. ¿Dónde es popular este plato?

    _____

3. ¿Qué hay que cortar? ¿Dónde hay que ponerlo?

    _____

4. ¿Qué le añade al pollo?

    _____

5. ¿Qué calienta? ¿En qué recipiente lo calienta?

    _____

6. ¿Cómo cocina el pollo?

    _____

7. ¿Qué le añade al pollo en la cazuela? ¿Por cuántos minutos lo cocina?

    _____

8. ¿Qué otros ingredientes añade? ¿Por cuántos minutos más lo deja cocinar?

    _____
    _____

9. ¿Cuál es el último ingrediente que añade? ¿Por cuántos minutos lo deja cocinar?

    _____

10. ¿Cómo sirve el arroz con pollo?

    _____

¡Así lo decimos!

6·17   A completar. Complete each sentence below with a word from **¡Así lo decimos!**

1.   Si no tienes lavaplatos, hay que lavar los platos en _____

2.   Hay que poner el helado en _____

3.   Si tienes mucha prisa y no puedes usar el horno, puedes usar...

     _____

4.   Para hacer el café, necesitas usar _____

5.   Cuando regreso del supermercado, pongo la leche inmediatamente en...

     _____

6.   Para calentar el agua, pongo la cazuela en _____

7.   Para freír algo, lo pongo en _____

8.   La lista de ingredientes y las instrucciones para preparar una comida se llama...

     _____

9.   Mezclo los ingredientes de una torta en _____

10. Para mezclar los ingredientes no uso una cucharadita. Uso...

     _____

11. Para preparar tostadas, hay que poner el pan en _____

12. Hay que _____ una banana antes de comerla.

6·18   Muchos cocineros. All of these people are cooking. Following the model, write a sentence describing what each one is doing.

MODELO: *Ella está haciendo un sándwich.*

1. _____

2. _____

3. _____

4. _____

5. _____

6. _____

6·19 Actividades en la cocina. Write complete sentences using the words provided. Remember to change the forms of the words given and to add other words (e.g., articles) as needed.

1. Hay que / añadir / pizca / sal / sopa

   _____

2. Es necesario / freír / cebolla / picado / a fuego mediano

   _____

3. Primero / (yo) / ir / calentar / taza / aceite de oliva / cazuela

   _____

4. (Nosotros) / estar / batir / huevos / con / ají verde / recipiente

   _____

5. Ellos / ir / echar / cucharadita / azafrán / cazuela

   _____

Estructuras

6·20 Mandatos en la cocina. Fill in the blanks with the correct singular formal command forms of the verbs in parentheses.

1. (dar) _____me la lista de ingredientes.

2. (mezclar) _____ bien los ingredientes.

3. (batir) _____ los huevos con el tenedor.

4. (volver) _____ a la cocina en diez minutos.

5. (poner) _____ el pan en la tostadora.

6. (venir) _____ preparado a cocinar el pollo.

7. (llegar) No _____ tarde a la clase de cocinar.

8. (ir) _____ a la cocina a las tres.

9. (saber) _____ bien las instrucciones de la receta.

10. (empezar) _____ a añadirles el aceite lentamente a los huevos.

6·21 **Ud., el (la) profesor(a) de cocinar.** You are instructing your cooking students. Use the **Uds.** command form of the verbs in parentheses.

1. (ser) _____ buenos en el restaurante.

2. (conseguir) _____ todos los ingredientes antes de empezar.

3. (hervir) _____ el agua por dos minutos.

4. (freír) _____ las cebollas en la sartén.

5. (pelar) _____ las papas.

6. (mezclar) _____ bien los ingredientes.

7. (hornear) _____ el pollo por una hora.

8. (pedir) _____ ayuda si la necesitan.

9. (probar) _____ la sopa de vegetales antes de servirla.

10. (servir) _____ la comida a las seis.

6·22 **Preguntas, preguntas.** Your students all have questions for you. Answer them using the **Ud.** or **Uds.** commands as necessary and replacing all object nouns with pronouns. Follow the model.

MODELO: —¿Le añadimos la sal a la sopa ahora?
—Sí, *añádansela.*

1. —¿Le pedimos la receta al profesor Suárez?

—No, _____

2. —¿Les compramos los ingredientes a los otros estudiantes?

—Sí, _____

3. —¿Le sirvo la sopa a Ud.?

   —Sí, _____

4. —¿Le doy la receta a Humberto?

   —No, _____

5. —¿Le pelo las bananas?

   —Sí, _____

6. —¿Le añado la pimienta al pollo ahora?

   —Sí, _____

7. —¿Le preparamos las cebollas a Ud.?

   —Sí, _____

8. —¿Le sacamos el pescado del horno a Ud.?

   —No, _____

6·23 **Conversaciones.** Complete each conversation with appropriate affirmative and negative expressions.

   MODELO: —¿Le doy *algo* de comer a Marcos?
   —No, *no* le dé *nada* de comer.

1. —¿Le sirvo té o café a tu mamá?

   —No, _____ le sirva _____. No los puede tomar.

2. —¿Desea Ud. _____?

   —No, gracias, no deseo _____.

3. —¿Tienes _____ foto de tu novia?

   —No, no tengo _____.

4. —¿Te preparo _____ de postre?

   —No, mujer. ¿Por qué no compras _____ pastel?

   —Bueno. ¿Te preparo un sándwich también?

   —No, no me prepares _____ sándwich. Vamos a comer fuera.

5. —¿Qué es ese ruido? ¿Hay _____ en la cocina?

—¿Qué ruido? En la cocina no hay _____.

6. —¿Vamos al cine esta noche?

—Hombre, ¿por qué no hacemos _____ diferente? _____ vamos al cine.

—Bueno, ¿qué quieres hacer?

—No sé..., ¿Vamos a un concierto? _____ vamos a los conciertos del

centro estudiantil y dicen que son buenos.

6·24 **Ana y Paco riñen un poco.** Ana is all wrong today according to her husband, Paco, who corrects her. Play the role of Paco and change Ana's sentences from affirmative to negative or vice versa.

1. Alguien está en la cocina.

_____

2. Alguien prepara o huevos fritos o huevos revueltos.

_____

3. Hace tostadas también.

_____

4. Tú no me preparas el desayuno nunca.

_____

5. Yo siempre te preparo el almuerzo y la cena.

_____

6. También te pago la cuenta siempre cuando comemos en un restaurante.

_____

7. Tú nunca preparas ninguna receta interesante.

_____

8. Yo siempre te sirvo el desayuno.

_____

Temas de composición

6·25   **¡Qué desastre!** You are having dinner in an expensive restaurant with friends who don't speak Spanish, so you must act as an interpreter. The meal is an unqualified disaster from start to finish! How would you explain the following problems to the Spanish-speaking waiter?

1. Your female companion's soup is cold, and your male friend's beer is warm.

    _____

    _____

2. There is neither salt nor pepper on the table.

    _____

3. Your friend's steak is rare and he likes it well-done.

    _____

4. Another friend wants asparagus, not carrots.

    _____

5. The waiter is bringing the coffee with the entrée; you don't want it now and ask him to bring it later, with the dessert.

    _____

    _____

6. The coffee is cold. You want the waiter to bring hot coffee and two cups of tea as well.

    _____

    _____

7. For dessert you want two orders of chocolate cake, an apple pastry and strawberry ice cream. You also want the waiter to bring the bill.

    _____

    _____

8. You try to explain to the flustered waiter that he is wrong. The bill is not $159.92; it is $148.87.

_____

_____

6·26 **Tu rutina.** Write a composition in which you describe your daily eating habits. In the first paragraph describe breakfast: when you eat, with whom you eat, what you like to eat and how you prepare it. In the second paragraph, describe lunch in the same way. In the third paragraph, describe dinner.

_____

_____

_____

_____

_____

_____

_____

_____

_____

_____

_____

_____

_____

_____

_____

LECCIÓN 7
¡De compras!

PRIMERA PARTE

¡Así es la vida!

7·1 **De compras.** Reread pages 209 and 210 of your text and answer these quesions in complete sentences.

1. Qué piensan hacer Victoria y Manuel?

   _____

2. ¿Qué hacen antes de salir? ¿Por qué?

   _____

3. ¿Qué ofrece el Almacén Vigo hoy?

   _____

4. ¿Cuál es el descuento que ofrece?

   _____

5. ¿Qué hay en el centro La Gran Vía hoy?

   _____

6. ¿Cuántas tiendas hay?

   _____

7. ¿Qué cosas se pueden comprar en el centro comercial?

   _____

8. ¿Qué quiere ver Manuel en el Almacén Vigo?

   _____

9. ¿Dónde están las chaquetas? ¿Y las camisas?

   _____

10. ¿Cuál es la talla de Manuel?

    _____

11. ¿Dónde se prueba la camisa? ¿Cómo le queda?

    _____

12. ¿Qué problema tiene Manuel?

    _____

13. ¿Qué va a hacer el dependiente para ayudar a Manuel?

    _____

¡Así lo decimos!

7·2 **En el Corte Inglés.** Read the paragraph below and then complete each sentence with
an appropriate word or phrase from the list.

centro comercial	ir de compras	tarjeta de crédito
una falda	un suéter	probador
de manga corta	pantalones	aprovechar
una corbata	un par	bolso
una venta-liquidación	una sección de ropa para hombres	

Este fin de semana voy al _____ para _____.

Voy a comprar _____ azul y _____ blanco.

Voy a _____ del descuento que ofrece el Corte Inglés. En la

tienda, voy a ir al _____ para ver si me queda bien o mal la falda.

También necesito comprar _____ para mi padre. Tiene una camisa

nueva _____ y _____ nuevos. También tiene

_____ de zapatos nuevos. Ahora solamente necesita una corbata.

El Corte Inglés tiene _____ maravillosa y hoy hay

_____. Tengo mi _____ preparada en mi

_____. ¡Adiós!

7·3   **¿Qué ropa llevas?** What do you wear in the following situations? Begin each sentence with **llevo** and try to use colors or other adjectives to describe your clothing.

MODELO: *A clase, llevo jeans y un suéter grande. También llevo sandalias marrones.*

1. A una celebración familiar, _____

   _____

2. Al centro estudiantil, _____

   _____

3. A un partido de básquetbol, _____

   _____

4. Cuando hace mucho frío, _____

   _____

5. Cuando hace mucho calor, _____

   _____

7·4   **En la tienda.** A salesperson asks you the following questions in a department store. How would you answer?

—Buenas tardes. ¿En qué puedo servirle?

—_____

—¿Cuál es su talla?

—_____

—¿Quiere probarselo en el probador?

—_____

—¿Qué más necesita?

—_____

—¿Cómo desea pagar?

—_____

7·5   **En la tienda.** Now the salesperson answers you. What did you ask? Write the questions.

—¿_____?

—La sección de ropa para mujeres está a la derecha.

—¿_____?

—Las blusas en rebaja están aquí.

—¿_____?

—Sí, claro. El probador está aquí.

—¿_____?

—Le queda muy bien.

—¿_____?

—No, no le queda grande. Es perfecta.

7·6   **Escenas en el almacén.** Complete each sentence with a logical word from **¡Así lo decimos!**

1. Se prueba ropa nueva en _____.

2. _____ en la entrada de la tienda muestra los artículos en rebaja.

3. Se va a _____ para pagar.

4. Una mujer pone la billetera en _____.

5. Si los pantalones le quedan muy grandes a alguien, necesita

   _____ más pequeña.

6. Cuando llueve mucho, necesita ponerse _____.

7. Cuando hace mucho frío y nieva, no llevas sandalias. Llevas un par de

_____.

8. Cuando hace mucho calor, no llevas camisa de lana. Llevas una camisa de

_____.

9. Si tu amigo te compra algo que no te queda bien, necesitas

_____ para devolverlo a la tienda.

10. Cuando da un descuento, la tienda _____ los

precios.

7·7 **Cuestionario.** Answer these questions based on your shopping habits.

1. ¿Ahorras dinero para ir de compras?

_____

2. ¿Qué tal te queda un suéter de talla mediana?

_____

3. ¿Cuál es tu talla?

_____

4. ¿Te gusta ir de compras?

_____

5. ¿Vas de compras cuando la tienda rebaja los precios?

_____

Estructuras

7·8 **Una conversación con una amiga.** Amalia calls Pamela to tell her about next week's sale. Complete the sentences with the **tú** form of the imperative.

...Tienes que ir a Galerías Preciados la semana que viene. _____

(Ahorrar) tu dinero y _____ (comprar) muchos suéteres.

_____ (Comparar) la calidad con la de los suéteres en el Corte

Inglés. ¡Son fantásticos! Después, _____ (almorzar) conmigo en la

cafetería. ¡No me _____ (hablar) de los estudios! Es hora de

comprar. _____ (Llevar) todo tu dinero, _____

(comer) mucho antes de salir y _____ (beber) muchos líquidos.

¡Vas a necesitar mucha energía! _____me (Esperar) enfrente de la

tienda. No _____ (pensar) más en otras cosas. _____

(Pensar) solamente en las rebajas. _____le (Pedir) dinero a tu padre

si lo necesitas...

7·9   **En la tienda.** Pamela and Amalia are in the store on the first day of the sale. In the
       hectic atmosphere the two friends are giving orders to each other and to the
       salesperson, who is also giving directions to his customers. Fill in the blanks below
       with the appropriate command forms. Remember to use the **tú** command when Pamela
       and Amalia talk to each other, and the **Ud.** and **Uds.** commands when they talk to the
       salesperson or he addresses them.

       1. _____me (Pasar) esa blusa por favor, Pamela.

       2. _____ (Ir) Uds. a la sección de ropa para hombres.

       3. No _____ (tener) tanta prisa, Amalia.

       4. _____ (Volver) a casa a buscar más dinero, Pamela.

       5. _____me (Decir) el precio de este suéter, por favor, señor.

       6. No te _____ (probar) más ropa, Amalia.

       7. _____ (Ir) a la caja, por favor, señorita.

       8. _____me (Buscar) un cinturón de cuero, por favor, señor.

       9. No _____ (pedir) otro descuento, Pamela.

      10. _____ (Venir) Uds. por aquí a la caja, por favor.

7·10   **Un día de compras.** You are going shopping today and want others to join you. Write
       ten sentences with **tú** commands (five affirmative and five negative), directed at one
       friend. Write five sentences with **Uds.** commands directed at two other friends and five
       with **Ud.** commands directed at your friend's mother. Use the verbs in parentheses.

A tu amigo(a):

1. (ir) _____

2. (pedir) _____

3. (almorzar) _____

4. (leer) _____

5. (pagar) _____

6. (venir) _____

7. (hablar) _____

8. (aprovechar) _____

9. (pensar) _____

10. (volver) _____

A otros dos amigos(as):

11. (hacer) _____

12. (ahorrar) _____

13. (salir) _____

14. (comprar) _____

15. (tener) _____

A la madre de tu amigo(a):

16. (venir) _____

17. (buscar) _____

18. (traer) _____

19. (probar) _____

20. (ir) _____

7·11 **De compras.** You are shopping with your brother who is driving you crazy! First he says one thing and then he changes his mind. Change the sentences from affirmative to negative or vice versa. Replace nouns with pronouns.

MODELO: Cómprame la chaqueta.   *No, no me la compres.*

1.   Pídele el descuento. _____

2.   No le compres las botas a Jorge. _____

3.   No me expliques el crédito. _____

4.   Hazme la lista de ropa que necesitas. _____

5.   No me muestres la etiqueta. _____

6.   Ponme el sombrero. _____

7.   No me leas los anuncios. _____

8.   Dime el precio. _____

9.   Muéstrame el probador. _____

7·12 **Tu hermano.** You are tired of your brother's comments. Fill in the blanks with the appropriate **tú** commands.

1.   _____ (Ser) más generoso.

2.   _____ te (Poner) el sombrero.

3.   No _____ (hacer) tanto ruido.

4.   No _____ (ir) de compras conmigo en el futuro.

5.   ¡No me _____ (decir) más!

6.   _____ (Venir) aquí ahora mismo.

7.   _____ (Salir) de esta tienda.

8.   No me _____ (pedir) más favores.

9.   _____ (Tener) paciencia.

10.   _____ (Ir) a otra tienda.

7·13 **Números, números.** Fill in each blank with the ordinal number corresponding to the number in parentheses. Remember to use agreement.

1. Ana prefiere la (5) _____ chaqueta, la verde.

2. El perfume está en el (4) _____ mostrador.

3. La sección de ropa para hombres está en el (8) _____ piso.

4. ¡Ésta es la (9) _____ tienda en la que entramos hoy!

5. El (2) _____ dependiente es el que necesitamos buscar.

6. El (7) _____ probador no está ocupado.

7. Éste es el (6) _____ par de zapatos que compro hoy.

8. Ésta es la (3) _____ rebaja del año.

9. Los abrigos están en el (10) _____ piso de la tienda.

10. Hoy es el (1) _____ día de la rebaja.

SEGUNDA PARTE

¡Así es la vida!

7·14   **¿Qué compraste?** Reread the conversation on page 222 of your text and answer the questions below.

1.   ¿De qué hablan Manuel y Victoria?

_____

2.   ¿Quién llama por teléfono a Victoria?

_____

3.   ¿Cuántas veces llamó Lucía a Victoria?

_____

4.   ¿Adónde fue Victoria?

_____

5.   ¿Qué compró Victoria primero?

_____

6. ¿Qué compró en la joyería?

_____

7. ¿Por qué fue a la droguería?

_____

8. ¿Gastó mucho dinero Victoria?

_____

9. ¿Qué usó para pagar?

_____

10. ¿Cuándo va a pagarle el dinero a su papá?

_____

11. ¿Por qué dice Manuel "Pobre papá"?

_____

¡Así lo decimos!

7·15   **¿Qué compras en estas tiendas?** What can you buy in these stores? List as many possibilities as you can.

1. En la droguería compro _____

_____

2. En la joyería compro _____

_____

3. En la papelería compro _____

_____

4. En la zapatería compro _____

_____

7·16   **¿Qué compras?** Everyone has a birthday this month. Use words or expressions from
¡**Así lo decimos!** to complete each sentence. Follow the model.

MODELO: A mi mamá *le compro un frasco de perfume.*

1. A mis hermanas _____

2. A mi novio(a) _____

3. A mi papá _____

4. A mi mejor amigo(a) _____

5. A mi profesor(a) de español _____

6. A mi hermano menor _____

7·17   **Una conversación.** Choose from the list below and complete the conversation.

¿Adónde fuiste?   ¿Dónde estuviste?
¿Qué hiciste?   ¿Cómo te fue?
¿Qué pasó?   Cuéntame.

TERESA: Hola, Elisa. Te llamé muchas veces hoy.

¿_____?

ELISA: Fui de compras con mi mamá.

TERESA: ¿Sí? ¿_____?

_____.

ELISA: Pues, compré muchísimo, pero ¿_____?

TERESA: En casa. Estoy enferma.

ELISA: ¿_____?

TERESA: Nada. Miré la televisión y leí una novela. Pero, dime.

¿_____ en las tiendas?

ELISA: Te compré un regalo y muchas otras cosas.

TERESA: Pues, ven a verme ahora. ¡Adiós!

7·18   **A completar.** Fill in the blanks with a word or expression from ¡**Así lo decimos!**

1.   Esta camisa es de rayas y los pantalones son de cuadros. No _____

_____ .

2.   No aceptamos _____ . Tiene Ud. que pagar

_____ .

3.   Estos jeans son fantásticos. _____ .

4.   Quiero pagar un poco cada mes. ¿Puedo _____ ?

5.   Esta chaqueta no me queda bien. Necesito _____ la

a la tienda.

6.   No tengo mucho dinero hoy. No puedo _____

mucho.

7.   ¿_____ Uds. cheques?

8.   No tengo ni tarjeta de crédito ni dinero en efectivo. ¿Puedo _____

_____ ?

9.   ¿Es la cadena _____ o _____ ?

10.   Estos pantalones no me quedan bien. El sastre puede _____melos.

7·19   **¿Qué pasó ayer?** Complete the paragraph with the correct preterite form of the verbs in parentheses.

Ayer Ana _____ (decidir) ir de compras. _____

(Llamar) a su amiga Silvia y a mí. Yo no las _____ (acompañar)

porque no me _____ (sentir) bien. Silvia y Ana

_____ (llegar) al centro a las diez. Primero, Ana

_____ (entrar) en la joyería. Silvia necesitaba comprarle el talco a

su mamá y ella _____ (correr) a la droguería. Le

_____ (preguntar) al dependiente si tenía el talco. El dependiente le _____ (responder) que no lo tenían nunca. Silvia

_____ (volver) a la joyería, pero no _____

(ver) a Ana. Silvia _____ (salir) de la joyería y

_____ (empezar) a buscar a Ana. Por una hora Silvia la

_____ (buscar) y por fin la _____ (encontrar)

saliendo del almacén donde _____ (comprar) el talco. Las dos

_____ (decidir) almorzar inmediatamente.

7·20 **Otras actividades.** Complete the paragraphs with the correct preterite form of the verbs in parentheses.

1. Carlos y Esteban _____ (probar) camisa tras camisa y por

   fin _____ (salir) del Corte Inglés sin comprar ninguna.

   _____ (Comer) un almuerzo ligero y luego

   _____ (volver) a las tiendas. Finalmente ellos

   _____ (encontrar) la camisa perfecta.

2. Mi hermana y yo _____ (pasar) el día comprando regalos

   para el cumpleaños de nuestro papá. Le _____ (pedir) al

   dependiente el número del piso de la sección de ropa para hombres.

   _____ (Subir) al cuarto piso y le _____

   (comprar) un suéter y unos pantalones. _____ (Ir) a la caja

   para pagar las compras.

3. ¡Hola, Pepe! ¿Qué _____ (encontrar) en la tienda? ¿Me

   _____ (comprar) algo especial...? ¿Cómo?

   ¿_____ (Salir) sin comprar nada...? ¿_____

   (Devolver) la chaqueta amarilla...? ¿No _____ (gastar)

   nada...?

4. Yo _____ (leer) los anuncios y _____

(decidir) comprar un reloj pulsera. Lo _____ (pagar) a

plazos. Se lo _____ (mostrar) a mis amigos y lo

_____ (llevar) a la fiesta el sábado.

7·21 **¿Qué compraste ayer?** Complete the questions with the appropriate preterite form of the verbs in parentheses and then answer the questions in complete sentences.

1. ¿Qué _____ (hacer) tú ayer?

_____

2. ¿_____ (Ir) de compras? ¿Adónde?

_____

3. ¿_____ (Tener) que comprar algo especial?

_____

4. ¿_____ (Estar) cansado(a)?

_____

5. ¿Le _____ (dar) un regalo a alguien? ¿A quién?

_____

7·22 **¿Qué pasó?** Complete the paragraphs with the indicated verb in the preterite.

1. **ir**

Ayer yo _____ de compras. Mi papá no

_____ pero mis hermanas _____

conmigo. Nosotros _____ al Corte Inglés.

2. **tener**

Ayer fue el cumpleaños de mamá y nos pidió artículos de joyería. Yo

_____ que comprar una cadena de oro y mis hermanas

_____ que comprar pendientes. Nosotros

_____ que comprar estas joyas para mamá. Papá también

_____ que comprarle un regalo.

3. **dar**

   Yo le _____ la cadena a mamá y mis hermanas le

   _____ los pendientes. Mi papá le _____

   un anillo que compró anoche. Todos nosotros le _____ los

   regalos después de cenar.

4. **hacer**

   ¿Qué _____ mamá al recibir los regalos? Pues nosotros

   _____ más que ella. Gritamos y sonreímos mucho. Mis

   hermanas _____ mucho ruido cuando mamá abrió los

   regalos. Naturalmente, yo no _____ las mismas cosas

   estúpidas que ellas.

5. **estar**

   Mamá _____ muy sorprendida. Le gustaron mucho los

   regalos. Yo _____ en tres joyerías diferentes para encontrar

   la cadena apropriada y mis hermanas _____ en otras dos

   tiendas. Nosotros _____ de compras durante tres horas.

7·23 **Un día especial.** Complete the paragraph with the correct preterite form of the verbs in parentheses.

Ayer yo _____ (jugar) al tenis durante una hora. Cuando

_____ (llegar) a casa después, _____

(empezar) a sospechar (to suspect) algo. _____ (Tocar) la puerta de

mi apartamento. Cuando nadie contestó, _____ (buscar) la llave

(key). _____ (Entrar) en el apartamento y _____

(ver) a mi novia. La _____ (abrazar) y le _____

(explicar) mis sospechas. _____ (Ir) a la cocina de mi apartamento

y _____ (pagar) algunas cuentas. De repente *(suddenly)*, todos mis

amigos _____ (entrar) en el apartamento para celebrar mi

cumpleaños. ¡Qué día!

SÍNTESIS

Lectura

Mundo hispánico: Centroamérica

Preview

The exercises in this lesson are designed to help you use the reading skills that you practiced in preceding lessons to delve further into the point of view expressed in a text by comparing and contrasting it with your own.

7·24   Skim the text on pages 237-239 for the following information.

1.   What do the pictures and charts suggest to you? What is their purpose?

_____

_____

_____

_____

_____

_____

_____

2.   Skim the text for cognates and for information that belong to the following categories.

¿Quién?: _____

_____

_____

¿Qué?: _____

_____

_____

¿Dónde?: _____

_____

_____

¿Cuándo?: _____

_____

_____

3. Based on the information from parts 1 and 2 above, write one or two sentences in English that summarize your hypothesis about the main idea of the text.

_____

_____

_____

7·25 Now scan the text for the following particular information.

1. Scan the text to locate the section titles and list them below with a note on their contents in English, if necessary.

_____

_____

_____

_____

_____

_____

2. Now check your reading hypothesis from Exercise 7·24 against the section titles that you listed above. Are these the sections of information that you would expect in an article about Central America? Why or why not?

_____

_____

_____

_____

_____

7·26 *Points of view.* As a reader of Spanish, you must learn how a native speaker of Spanish builds an argument or thinks of his or her country's culture or history—not just how *you* think about the country. Even if your reading hypothesis matches the content of the text, it is still important to monitor the text to discover how the author builds up his/her case. In developing your reading hypothesis, you are able to discover what similarities and differences you share with a person living in a Spanish-speaking country. However, bear in mind that these texts are written to show what a speaker of Spanish thinks an American student should know about each country—they are not necessarily written from the North American point of view.

1. As you read this text, fill out the following chart on the countries of Central America to help you determine what information is presented throughout the text.

País	Aspectos positivos	Aspectos negativos

2. Based on the information you discovered in part 1, is your hypothesis about the main idea of the text the same? Does this information support the main idea or does it support a different point of view? Are there elements that could be classified as "subtext"—that is, text that supports ideas that contrast with or even contradict the main idea? Be prepared to discuss this briefly in class, by recording below the findings that support your argument.

_____

_____

_____

_____

_____

_____

_____

Temas de composición

7·27 **¿Qué pasó el sábado pasado?** Describe an authentic or fictitious trip you made last Saturday to the mall in preparation for a special party Saturday night. In the first paragraph, tell where you went, what you looked for and what you bought. In the second paragraph, tell what you did after you finished shopping, and in the last paragraph, tell what you did Saturday evening.

_____

_____

_____

_____

_____

_____

_____

_____

_____

_____

_____

_____

_____

_____

_____

_____

_____

_____

7·28   **El problema de Raúl.** Using the pictures as a guide, invent a story about what happened to Raúl. Write your story in the preterite.

LECCIÓN 8
La rutina diaria

PRIMERA PARTE

¡Así es la vida!

8·1   **¿Cierto o falso?** Reread the descriptions on page 241 of your text and determine if the following sentences are **Cierto (C)** or **Falso (F)**.

1. Los hermanos Castillo son   C   F
    españoles.

2. A Antonio le gusta dormir   C   F
    tarde.

3. Todas las mañanas, Antonio   C   F
    se cepilla los dientes antes
    de levantarse.

4. Antonio les prepara el   C   F
    desayuno a sus hermanos.

5. A Beatriz le gusta levantarse   C   F
    temprano.

6. Ella salió de la casa hoy   C   F
    después de maquillarse.

7. Beatriz llegó a la clase   C   F
    temprano.

8. Enrique es madrugador.   C   F

9. Por las noches, se acuesta   C   F
    muy temprano.

10. Tiene un jefe de trabajo muy   C   F
    liberal.

¡Así lo decimos!

8·2 **A completar.** Complete each sentence with an appropriate word or expression from ¡Así lo decimos!

1. Para despertarme a tiempo, necesito _____.

2. Uso _____ para bañarme.

3. Para cepillarme los dientes, necesito _____ y

   _____.

4. Para cortarme las uñas, uso _____.

5. Para pintarme los labios, uso _____.

6. Antes de salir, me miro en _____.

7. Para secarme el pelo, uso _____.

8. Antes de afeitarme, uso _____.

9. Para pintarme la cara, uso _____.

10. Después de ducharme, uso _____ para

    secarme.

8·3 **Un poco de lógica.** Rearrange each group of sentences in a logical order.

1. Me seco con una toalla. Me preparo el desayuno. Me levanto. Me baño. Me despierto.

   _____

   _____

   _____

2. Raúl se viste. Se afeita. Se ducha. Se cepilla el pelo. Se mira en el espejo.

   _____

   _____

   _____

3. Mis amigos se quitan la ropa. Se ponen cansados. Se acuestan. Se cepillan los dientes. Se duermen.

_____

_____

_____

4. Nosotros nos ponemos la ropa. Nos ponemos la crema de afeitar. Nos lavamos la cara. Nos afeitamos.

_____

_____

_____

8·4   **Cuestionario.** Answer the questions below in complete sentences.

1. ¿Eres madrugador(a)? ¿A qué hora te despiertas?

_____

2. ¿Te pones nervioso(a) cuando estás atrasado(a)?

_____

3. ¿Cuándo te pones impaciente?

_____

4. ¿Prefieres bañarte o ducharte?

_____

5. ¿A qué hora te acuestas normalmente?

_____

Estructuras

8·5   **¿Qué hacen estas personas por la mañana?** Complete the sentences with the appropriate present tense form of the reflexive verbs.

1. Ana María _____ (mirarse) antes de salir.

2. Nosotros _____ (levantarse) de prisa.

3. Carlos _____ (secarse) con una toalla.

4. ¿_____ (Lavarse) la cara (tú)?

5. Mamá _____ (maquillarse).

6. Los niños _____ (bañarse) a las siete.

7. Yo _____ (ducharse) después de

_____ (levantarse).

8. Ana _____ (ponerse) un vestido nuevo.

9. Papá _____ (afeitarse) con una máquina de

afeitar eléctrica.

10. ¿_____ (Pintarse) (tú) las uñas ahora?

8·6 **¿Qué pasó ayer?** Complete the following paragraph with the appropriate preterite form of the verbs in parentheses.

Anoche yo _____ (acostarse) muy tarde después de

un día muy largo. A las siete de la mañana _____

(despertarse) y decidí dormir un poco más. _____

(Dormirse) y _____ (olvidarse) de poner el

despertador. A las nueve _____ (despertarse) otra vez.

¡Entonces _____ (acordarse) del examen de historia a

las nueve y media! Pues, _____ (ducharse)

rápidamente y _____ (vestirse) de jeans y un suéter

grande. _____ (Salir) del cuarto sin desayunar, sin

_____ (pintarse), sin _____

(mirarse) en el espejo. Cuando _____ (llegar) a la clase

de historia, todos _____ (empezar) a reír. No

_____ (acordarse) de _____

(ponerse) los zapatos. ¡Qué vergüenza!

8·7 **Mandatos, mandatos.** You and your roommates are hosting a party. Just as the party is about to begin, you all start giving each other orders because you want everything to be perfect. Use the **tú** or **Uds.** commands of the verbs in parentheses as appropriate.

1. ¡Alicia! _____ (Ponerse) el vestido nuevo. Te

   queda mejor que ése.

2. ¡Patricia! No _____ (dormirse). Es casi la hora.

3. ¡Magdalena y Patricia! No _____ (ponerse)

   nerviosas. Todo está bien.

4. Magdalena, _____ (maquillarse) un poco.

5. ¡Alicia y Patricia! No _____ (pelearse).

6. _____ (Sentarse) y _____

   (prepararse) una taza de té, Magdalena.

7. Patricia, _____ (peinarse).

8. No _____ (enojarse) conmigo, Alicia.

9. Alicia, _____ (lavarse) las manos antes de

   cocinar.

10. Magdalena, no _____ (enamorarse) de todos

    los chicos.

8·8 **Antes de la fiesta.** The roommates from the previous exercise are almost ready for the party. Fill in the blanks below with either the reflexive or nonreflexive form of the verbs in parentheses. Use the present progressive.

   MODELO: (acostar/se) Magdalena *se está acostando.*

              or

           Magdalena *está acostando* a su hermano.

1. (mirar/se) Alicia _____ en el espejo.

2. (preparar/se) Magdalena y Alicia _____ los

sándwiches.

3. (maquillar/se) Patricia y Magdalena _____.

4. (peinar/se) Patricia _____ a Alicia.

5. (llamar/se) Magdalena _____ por teléfono a su

amigo Felipe.

6. (poner/se) Magdalena _____ nerviosa.

7. (secar/se) Alicia y Patricia _____ la ropa.

8. (pintar/se) Magdalena le _____ las uñas a

Alicia.

8·9 **Por fin, la fiesta.** The roommates' party finally took place. Complete the paragraph
with the correct preterite forms of the verbs in parentheses.

A las siete, los amigos de las chicas _____ (venir) a su

apartamento. Cada uno _____ (traer) algo diferente: Marisol les

_____ (traer) flores, Carlos y Enrique les _____

(traer) chocolates y yo les _____ (traer) un postre fabuloso. Alicia

nos _____ (invitar) a entrar y nos _____

(decir) donde dejar las cosas que nosotros _____ (traer). Yo

_____ (ponerse) un poco nervioso porque no _____

(poder) _____ (acordarse) del nombre de una de las chicas.

Solamente la _____ (conocer) la semana pasada, pero

_____ (enamorarse) de ella inmediatamente. Ella me

_____ (mirar) y me _____ (decir) "¡Hola!".

Yo _____ (ponerse) tan nervioso que no _____

(poder) hablar. Solamente le _____ (sonreír).

Yo _____ (ir) a la cocina y les _____

(pedir) su nombre a mis amigos. Ellos me _____ (decir) que se

llamaba Magdalena. Por fin yo _____ (saber) su nombre.

_____ (Querer) hablar con ella entonces pero no

_____ (poder). Finalmente...

8·10 **¿Qué pasó?** Finish the story from the preceding exercise by answering these questions.

    1.   ¿Adónde fue el hombre?
    2.   ¿Qué hizo?
    3.   ¿Qué le dijo a Magdalena cuando por fin hablaron?
    4.   ¿Cómo estuvo Magdalena?
    5.   ¿Qué supo Magdalena?
    6.   ¿Qué pasó por fin?

_____

_____

_____

_____

_____

_____

_____

_____

_____

_____

8·11 **La primera cita** *(date)*. Magdalena and Federico went on their first date. Complete the sentences using the preterite to tell what happened.

    1.   Federico _____ (repetir) el nombre de Magdalena diez

        veces.

2. El camarero les _____ (servir) una cena fantástica.

3. Por unos minutos, Federico _____ (ponerse) nervioso.

4. Magdalena _____ (reírse) mucho durante la conversación.

5. Ellos _____ (seguir) hablando hasta las tres de la mañana.

6. Federico _____ (sentir) no acordarse del nombre de

Magdalena.

7. Él le _____ (pedir) perdón otra vez a Magdalena y la

_____ (invitar) a salir la semana próxima.

8. Ella le _____ (decir) que sí.

9. Federico _____ (pedir) un taxi, pero el taxi no

_____ (llegar).

10. Magdalena _____ (preferir) ir andando a su casa y

_____ (alegrarse).

11. Ellos _____ (andar) al apartamento de Magdalena.

12. Ella le _____ (decir) "Buenas noches" a Federico y le

_____ (dar) un beso.

8·12 **Cuestionario.** Do you remember your first date with a special person? Answer the questions below.

1. ¿Cómo te sentiste?

_____

2. ¿Adónde fueron Uds.?

_____

3. ¿Qué información interesante supiste?

_____

4. ¿Cómo te vestiste?

_____

5. ¿Pudiste dormir bien aquella noche?

_____

SEGUNDA PARTE

¡Así es la vida!

8·13 **Trabajo en casa.** Reread the situation on page 253 of your text and complete the sentences below.

1. Los Real esperan hoy _____.

2. La señora Real les pide _____.

3. Los hijos y la Sra. Real van a _____.

4. Salvador tiene que _____,

_____ y _____.

5. Clemencia tiene que _____ y

_____.

6. Cuando eran niños, la familia Real vivía _____.

7. Rafaela era _____ y hacía

_____.

8. Clemencia sueña con _____.

9. Aquel chico _____ en casa de los abuelos.

10. Salvador y Clemencia no están trabajando. Están

_____.

11. Clemencia dice que recordar es _____.

¡Así lo decimos!

8·14 **¿Qué hiciste ayer?** Using the pictures as a cue, tell what chores you did yesterday. Follow the model.

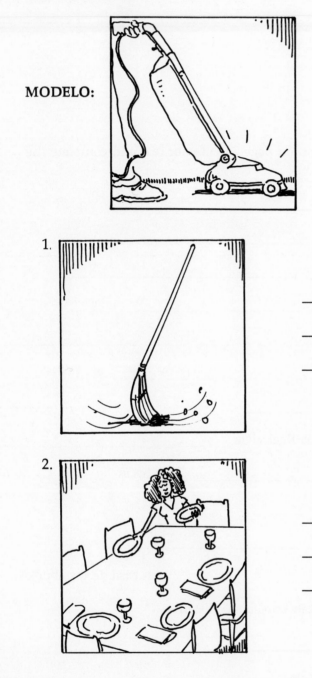

MODELO: *Pasé la aspiradora por la alfombra.*

1.

_____

_____

_____

2.

_____

_____

_____

3.

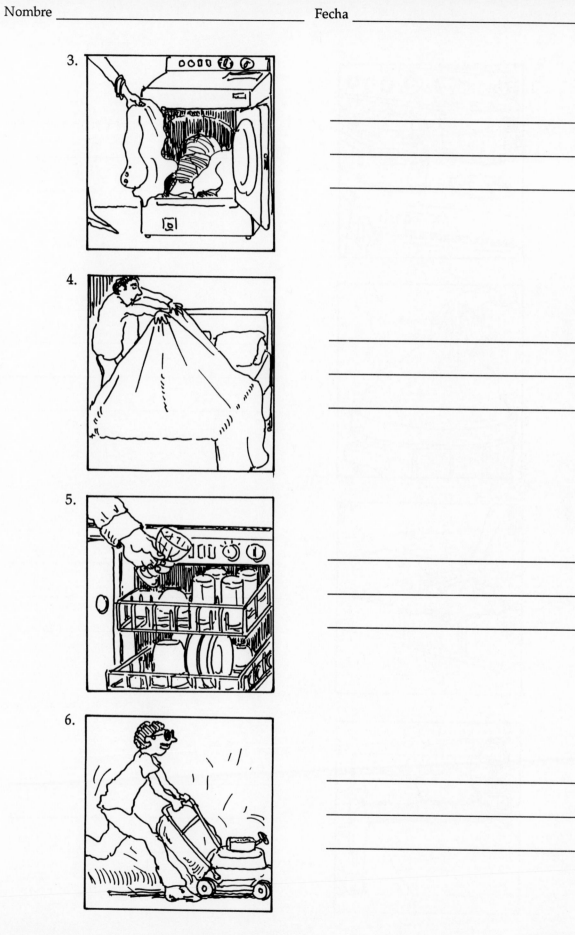

4.

5.

6.

7.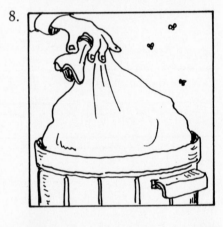

_____

_____

_____

8.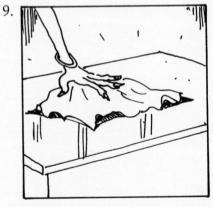

_____

_____

_____

9.

_____

_____

_____

10.

_____

_____

_____

8·15 **Cómo ordenar tu apartamento.** Give specific orders to the movers regarding where to put your furniture. Follow the model.

MODELO: *Ponga aquel sillón en la sala contra la pared.*

En la sala. Name five items.

1. _____

2. _____

3. _____

4. _____

5. _____

En el dormitorio grande. Name four items.

6. _____

7. _____

8. _____

9. _____

En el comedor. Name four items.

10. _____

11. _____

12. _____

13. _____

8·16 **¿Con qué frecuencia haces estos quehaceres?** Answer the questions using time words or expressions from ¡Así lo decimos!

MODELO: ¿Con qué frecuencia cortas la hierba?
Corto la hierba una vez a la semana.

1. ¿Con qué frecuencia limpias completamente tu cuarto?

_____

2. ¿Cuándo haces la cama?

_____

3. ¿Con qué frecuencia lavas la ropa?

   _____

4. ¿Con qué frecuencia pasas la aspiradora?

   _____

5. ¿Con qué frecuencia sacas la basura?

   _____

Estructuras

8·17   Un día de limpiar. Yesterday everyone was cleaning when company arrived. Tell what each person below was doing, using the verbs in parentheses in the imperfect. Follow the model.

MODELO: (hablar / limpiar) Alfredo *hablaba* y yo *limpiaba*.

1. (barrer el piso / cocinar la comida)

   Ana _____ y Gonzalo _____

   _____ .

2. (cortar la hierba / quitar la mesa)

   Yo _____ y Ramón y Pedro _____

   _____ .

3. (pasar la aspiradora / sacudir los muebles)

   Mi hermana _____ y mi hermano _____

   _____ .

4. (ordenar el cuarto / poner la mesa)

   Tú _____ y nosotros _____

   _____ .

5.   (hacer la cama / sacar la basura)

Yo _____ y mis amigos _____

_____ .

6.   (pensar en la musarañas / subir la escalera)

Mi papá _____ y mi mamá _____

_____ .

8·18   Rutinas diferentes. Write ten sentences, using the verbs in parentheses, describing how your life has changed since high school. Follow the model.

MODELO: (levantarse) *Cuando estaba en la escuela secundaria, me levantaba a las seis. Ahora me levanto a las ocho.*

1.   (divertirse) _____

_____

2.   (acostarse) _____

_____

3.   (ordenar mi cuarto) _____

_____

4.   (vivir en la planta baja) _____

_____

5.   (trabajar en el jardín) _____

_____

6.   (estudiar) _____

_____

7.   (prepararme las comidas) _____

_____

8.   (vestirme elegantemente) _____

_____

9. (despertarse) _____

_____

10. (hacer la cama) _____

_____

8·19 **Recuerdos de la juventud.** Complete the paragraphs with the correct forms of the indicated verbs in the imperfect.

1. **ser**

Cuando yo _____ niño, _____ un chico bastante tímido. Mis

hermanas no _____ tímidas. Mi madre _____ muy paciente

conmigo. Nosotros _____ una familia muy íntima.

2. **ir**

Yo _____ a la playa mucho. Mis padres _____ al cine por la

noche y mi hermana Julia _____ a los partidos de su novio. Los

domingos todos nosotros _____ al centro para caminar por la plaza.

3. **ver**

En la playa yo _____ a mis amigos. Mis padres _____ películas

no violentas generalmente y Julia _____ a su novio que jugaba al

béisbol. En la plaza los domingos, nosotros _____ a los Rodríguez y a

los Morales.

8·20 **Cuestionario.** Answer the questions in complete sentences.

1. ¿Cómo eras tú cuando eras niño(a)?

_____

2. ¿Adónde ibas a menudo con tus amigos?

_____

3. ¿Dónde vivías?

_____

4. ¿Qué hacías para ayudar en casa?

_____

5. ¿Veías mucho a tus parientes?

_____

SÍNTESIS

Lectura

Mundo hispánico: Venezuela y Colombia

Preview

In this lesson you will review the reading skills that you used in previous lessons and learn other techniques for analyzing the point of view of a text.

8·21 Skim the text on pages 273-275 for the following features.

1. What do the pictures and graphics suggest to you? Why was each included and placed where it is?

_____

_____

_____

_____

_____

_____

_____

2. Skim the entire text and write in Spanish the "main idea" words of the passage for each of the following categories.

¿Quién?: _____

_____

_____

¿Qué?: _____

_____

_____

¿Dónde?: _____

_____

_____

¿Cuándo?: _____

_____

_____

3. Skim the entire text and, based on your list of words above, write one or two sentences in English that summarize your hypothesis about the main idea.

_____

_____

_____

4. Now scan the text for section titles. List each title below with a note on its contents in English, if necessary.

_____

_____

_____

_____

5. Check your reading hypothesis. Are these the sections of information you would expect in an article about Venezuela and Colombia? Why or why not?

_____

_____

_____

8·22 Now analyze the detailed information according to the following criteria.

1. How do these two countries compare?

Attribute	Venezuela	Colombia
Population		
Size		
Natural resources		
Places of interest		
Culture		

2. How does the information that you discovered in the preceding section compare with your own knowledge of these two countries?

_____

_____

_____

_____

_____

_____

_____

3. Based on your analysis in the preceding sections, which country would you prefer to visit? Why? Be prepared to support your viewpoint in a brief class discussion.

_____

_____

_____

Temas de composición

8·23 **Tu rutina diaria.** Write a paragraph describing your daily routine, from the time you wake up to when you go to bed. Try to use as many new vocabulary words and expressions as possible.

_____

_____

_____

_____

_____

_____

_____

_____

_____

_____

_____

8·24 **Los quehaceres domésticos.** Describe what chores were assigned to each member of your household when you were younger. Use the imperfect and tell what you and your family used to do and how everyone felt about the chores. Include what you thought about while you were doing your chores.

_____

_____

_____

_____

_____

_____

_____

_____

_____

_____

_____

_____

_____

_____

LECCIÓN 9
¡Buen viaje!

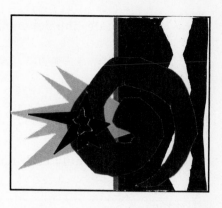

PRIMERA PARTE

¡Así es la vida!

9·1   **Un viaje.** Reread the conversation on page 277 of your text and complete the sentences below.

1.   La nacionalidad de Jorge y Susana es _____

2.   Ellos van a _____

3.   Rosario Díaz es _____

4.   Susana dice que ellos están _____

5.   De luna de miel, Jorge quiere _____, porque

_____

6.   A Susana no le gusta la idea porque _____

7.   Rosario les muestra _____ que ofrece

_____

8.   El viaje incluye _____

y cuesta _____

9.   Después de la boda _____

10.   Están en Miami, _____

11.   Antes de salir para Costa Rica, oyen _____

12. El destino del vuelo 621 es _____.

13. Jorge y Susana necesitan _____

¡Así lo decimos!

9·2 **El avión.** Identify each numbered part of the airplane illustrated below.

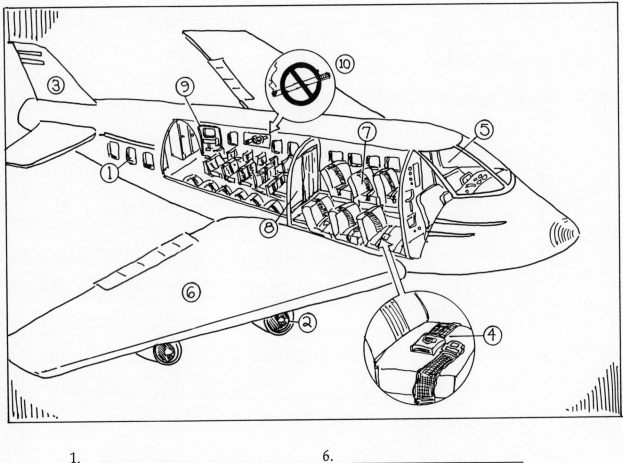

1. _____   6. _____

2. _____   7. _____

3. _____   8. _____

4. _____   9. _____

5. _____   10. _____

9·3 **Asociaciones.** Match each word or expression from column A with one from column B.
Then write an original sentence using both items.

	A		B
1.	_____ el aduanero	a.	el mostrador de la aerolínea
2.	_____ el boleto	b.	el tablero
3.	_____ el guía	c.	la sala de reclamación
4.	_____ el equipaje	d.	la tarjeta de embarque
5.	_____ el piloto	e.	el folleto
6.	_____ las salidas	f.	la sala de espera
7.	_____ la azafata	g.	la aduana
8.	_____ el asiento	h.	el equipaje de mano
9.	_____ el agente de viajes	i.	la cabina
10.	_____ estar demorado	j.	la excursión

1. _____

2. _____

3. _____

4. _____

5. _____

6. _____

7. _____

8. _____

9. _____

10. _____

9·4   **Cuestionario.** Answer in complete sentences.

1.   ¿Viajas en primera clase o en clase turista?

_____

2. Tú no fumas. ¿En qué sección te sientas?

_____

3. ¿Qué tipo de vuelo prefieres?

_____

4. ¿Qué pones en tu maleta?

_____

5. ¿Facturas el equipaje o llevas solamente equipaje de mano?

_____

Estructuras

9·5 Instrucciones para viajeros. Complete the paragraph with the pronoun **se** and the indicated verbs. Use the present tense.

Cuando _____ (viajar), _____ (poder) viajar

en primera clase o en clase turista. En la sección de no fumar, no

_____ (permitir) ni cigarros ni pipas. Antes de abordar el avión,

_____ (facturar) el equipaje y _____

(conseguir) la tarjeta de embarque. _____ (Decir) que es una

buena idea llevar un poco de ropa en el equipaje de mano. Durante el vuelo

_____ (servir) una comida y _____ (ofrecer)

varias bebidas. Cuando _____ (llegar) al destino,

_____ (necesitar) ir a la sala de equipaje para reclamar las maletas.

9·6 Un amigo pretencioso. A friend hasn't travelled for along time and makes inaccurate statements. Correct him, following the model.

MODELO: Viajar por avión cuesta menos que viajar por tren. (decir)
            Ahora se dice que viajar por avión no cuesta menos.

1. Siempre fumo en los aviones. (poder)

Ahora _____

2. Los vuelos no llegan a tiempo. (decir)

Ahora _____

3. No hay revistas ni periódicos en el aeropuerto. (vender)

Ahora _____

4. No hay sándwiches ni otras comidas en el aeropuerto. (ofrecer)

Ahora _____

5. Nunca sé el número del vuelo. (necesitar)

Ahora _____

6. Nunca facturo las maletas. (facturar)

Ahora _____

7. No es posible llevar dos maletas. (poder)

Ahora _____

8. Nunca presento la tarjeta de embarque. (deber)

Ahora _____

9. Los aviones son menos seguros *(safe)* que los coches. (creer)

Ahora _____

10. En la aduana nunca examinan las maletas. (examinar)

Ahora _____

9·7 **¡Qué romántico!** Jorge and Susana are getting married. Combine the sentences by using reciprocal pronouns to tell how they met.

MODELO: Jorge conoció a Susana en la fiesta. Susana conoció a Jorge en la fiesta.
Susana y Jorge se conocieron en la fiesta.

1. Jorge miró a Susana. Susana miró a Jorge.

_____

2. Jorge le sonrió a Susana. Susana le sonrió a Jorge.

3. Susana le dijo "Hola" a Jorge y Jorge le dijo "Hola" a Susana.

   _____

4. Jorge le pidió el nombre a Susana. También Susana le pidió el nombre a Jorge.

   _____

5. Susana le ofreció una bebida a Jorge. Jorge le ofreció una bebida a Susana.

   _____

6. Jorge le habló a Susana de su trabajo. Ella también le habló de su trabajo.

   _____

7. Jorge decidió llamar a Susana. Susana decidió llamar a Jorge también.

   _____

8. Jorge invitó a Susana al cine. Ella también lo invitó al cine.

   _____

9·8   **El verano.** It's summer and you are no longer on campus. Answer these questions about your relationship with your friends.

   1. ¿Se escriben a menudo, tú y tus amigos?

      _____

   2. ¿Se cuentan cosas muy personales?

      _____

   3. ¿Se hablan por teléfono?

      _____

   4. ¿Se ven a menudo?

      _____

   5. ¿Se visitan durante el verano?

      _____

9·9   **Un viaje en tren.** Complete the paragraph with the appropriate relative pronouns, **que,** **quien(es)** and **lo que.**

_____ menos le gusta a Maribel es viajar por avión. Además, el

agente de viajes con _____ habló le dijo que viajar por tren cuesta

menos que viajar por avión. El viaje _____ ella eligió es de tres

semanas, empezando el dos de julio, y va por Europa. Sale de París,

_____ le gusta mucho porque tiene parientes allí. Va hasta Roma

y entonces vuelve a París. Su mejor amiga, Susana, a _____

Maribel va a escribir mucho, no puede acompañarla. Susana es la amiga

_____ hizo un viaje con Maribel el año pasado. Este verano, ella

tiene que asistir a dos cursos, _____ no le gusta mucho. Pero, si

quiere graduarse en mayo, _____ necesita hacer es terminar sus

estudios. Esta amiga, _____ habla mucho con Maribel, va a

extrañarla mucho.

9·10 **Muchos viajes.** Combine the two sentences using the most appropriate relative pronoun. Follow the model.

MODELO: Kevino es un estudiante. Kevino viaja mucho por avión.
Kevino es un estudiante que viaja mucho por avión.

1. Carmen habla con Patricia. Patricia es agente de viajes.

_____

2. Miguel va a ir a Francia. Le gusta mucho eso.

_____

3. El aduanero tiene que examinar las maletas. Mercedes habla con el aduanero.

_____

4. Justo va a Holanda en agosto. Justo tiene parientes allí.

_____

5. Jodi viaja siempre en primera clase. Le gusta mucho.

_____

6. Mateo hizo un viaje a España. El viaje fue maravilloso.

_____

7. Ésta es la azafata. La azafata pidío las tarjetas de embarque.

_____

8. Es el mostrador de Iberia. Iberia es la aerolínea nacional de España.

_____

9. Ese señor es piloto. La azafata habla con él.

_____

10. Él lo hizo. No me gustó.

_____

SEGUNDA PARTE

¡Así es la vida!

9·11 **Una carta.** Reread the letter on page 290 of your text and answer the following questions.

1. ¿Adónde fueron Susana y Jorge de luna de miel? ¿Cómo lo pasaron?

_____

2. ¿Qué hicieron en San José?

_____

_____

3. Durante una de sus excursiones, ¿qué ciudad visitaron? ¿Cómo es conocida esta ciudad?

_____

4. ¿Qué otro lugar de interés visitaron? ¿De dónde se podía ver esto?

_____

_____

5. ¿En qué otras actividades participaron?

_____

6. ¿Por qué tiene que dejar Susana a Raquel?

_____

7. ¿Son buenas amigas Susana y su suegra?

_____

8. ¿Cuándo va a llamar Susana a Raquel? ¿Por qué?

_____

_____

¡Así lo decimos!

9·12   **Tu reacción.** What would you say in the following situations? Choose from the list below.

> Lo pasamos maravillosamente bien.   Es precioso(a).
> Es una vista impresionante.   Qué lástima.
> Fue una estadía interesante.   ¡Buen viaje!

1. Tu mejor amigo sale para viajar a España. _____

2. ¿Cómo fueron las vacaciones? Fantásticas, ¿verdad?

   Sí, _____

3. Estás escalando las montañas y estás en la parte más alta.

   _____

4. Ves un parque pequeño donde hay muchas flores. _____

5. Durante tus dos semanas en México, viste muchas cosas nuevas y aprendiste

   mucho. _____

6. Tus amigos pasaron unas vacaciones horribles. _____

9·13 **A completar.** Complete each sentence below with an appropriate word or expression from **¡Así lo decimos!**

1. Para ver muy lejos uso _____.

2. Cuando hace mucho sol, tengo que ponerme _____ para

    ver bien.

3. Para no perderme en la ciudad, uso _____.

4. Antes de sacar más fotos, tengo que comprar otro _____.

5. En el jardín, hay muchas _____. Me gustan las

    _____ especialmente.

6. ¡Mira! Un señor le canta una serenata a la mujer en _____.

7. ¡Caramba! No me acordé de _____. Ahora no puedo sacar

    fotos.

8. Quiero una película de mi viaje. Por eso compré _____.

9. Esta tarde vamos a escalar una _____.

10. No quiero salir hoy. Voy a _____ en el hotel.

9·14 **Cuestionario.** Answer the following questions using as many items from **¡Así lo decimos!** as possible.

1. ¿Vas a recorrer el país después de graduarte? ¿Adónde vas? ¿Qué piensas ver y hacer?

    _____

    _____

2. ¿Ibas de excursiones a menudo cuando eras niño(a)? ¿Adónde ibas? ¿Qué lugares visitabas? ¿En qué actividades te gustaba participar?

    _____

    _____

    _____

3. ¿Qué llevas contigo cuando haces un viaje a un parque nacional o a las montañas? ¿a la playa? ¿a una ciudad? ¿Qué te gusta hacer en cada uno de estos lugares?

_____

_____

_____

_____

Estructuras

9·15 **¿Cómo hacen su trabajo estas personas?** Choose an adjective from the list, change it to the adverbial form and fill in each blank below logically.

lento	alegre	correcto
cuidadoso	general	inteligente
rápido	elegante	claro
emocional	solo	

1. La azafata es muy simpática y está contenta. Nos habla _____.

2. El empleado nos prepara el boleto _____ porque tenemos

   mucha prisa.

3. Estas azafatas llevan ropa muy bonita y cara. Se visten _____.

4. _____, los pilotos vuelan _____ dos o

   tres veces a la semana.

5. La azafata ayudó al viejo que caminaba _____ hacia la

   puerta de salida.

6. El agente de viajes nos explicó el itinerario de los dos viajes muy

   _____.

7. Las azafatas estudian mucho para aprender a reaccionar _____

   en una emergencia.

8. En los aeropuertos, los empleados que anuncian las llegadas y las salidas hablan

   muy _____.

9. En una emergencia, es importante reaccionar _____, no

   _____.

9·16 **En el aeropuerto.** Complete the sentences below with the appropriate preterite or
imperfect form of the verbs in parentheses to tell what was happening in the airport.

1. Un empleado _____ (anunciar) la salida del vuelo cuando

   Enrique _____ (llegar) al aeropuerto.

2. La azafata _____ (cerrar) la puerta de salida cuando yo

   _____ (llegar) al aeropuerto.

3. El avión _____ (despegar) cuando nosotros

   _____ (llegar).

4. Muchos pasajeros _____ (correr) hacia la puerta de salida

   cuando el piloto _____ (llegar).

5. Yo _____ (facturar) el equipaje cuando tú

   _____ (llegar).

9·17 **Unas vacaciones tremendas.** Complete the following paragraph with the appropriate
preterite or imperfect form of the verbs in parentheses.

Por fin, yo _____ (decidir) hacer un viaje.

_____ (Llamar) a la agente de viajes y ella me

_____ (decir) que el viaje a Cancún _____

(ser) una ganga. Ella me _____ (preguntar) si yo

_____ (querer) ir a México y le _____ (decir)

que sí. Ella _____ (organizar) todo: _____

(conseguir) los boletos, _____ (hacer) las reservaciones en el hotel

y _____ (buscar) unas excursiones interesantes. Cuando (yo)

_____ (llegar) al aeropuerto, _____ (ser)

emocionante. ¡Por fin _____ (ir) a hacer un viaje a México!

_____ (Subir) al avión aunque _____ (tener)

miedo porque _____ (ser) mi primer vuelo. El vuelo

_____ (durar) tres horas y el avión _____

(aterrizar) a las dos de la tarde. _____ (Bajar) del avión,

_____ (pasar) por la aduana y _____ (entrar)

en México. _____ (Hacer) mucho sol. _____

(Haber) flores por todas partes. Los mariachis _____ (tocar) sus

instrumentos y _____ (cantar) en las calles.

_____ (Buscar) un taxi y _____ (ir) al hotel.

El hotel _____ (ser) muy elegante. Muchas personas

_____ (nadar) en la piscina, _____ (hablar)

en el café, _____ (jugar) al tenis y _____

(divertirse) mucho. ¡_____ (Pasar) unas vacaciones tremendas!

9·18 **Una fiesta.** Rewrite the following paragraph in the past. Use the preterite or imperfect as necessary.

Es el cinco de julio y hace muy buen tiempo. Es de noche. Tengo diecinueve años y voy a una fiesta organizada por mis amigos. Organizan la fiesta porque voy a hacer un viaje. Cuando llego a la casa de Alfredo, hay gente por todas partes. Escuchan música, comen y bailan. Cuando entro, ellos gritan "¡Buen viaje!" Estoy muy contenta pero estoy un poco triste también porque todos ellos son mis amigos y los extraño cuando no los veo.

_____

_____

_____

_____

_____

_____

_____

_____

_____

_____

_____

_____

_____

9·19 **Variaciones.** Complete the sentences using the preterite or imperfect as needed. Follow the model and be creative.

MODELO: Antes _viajaba siempre por avión_ pero ayer _decidí viajar por tren._
            Ayer por la tarde mi amigo y yo _montamos a caballo,_ aunque _yo me moría de miedo._

1. Antes _____

    pero este año _____

2. Siempre _____

    los sábados, pero este sábado _____

3. Ayer _____

    aunque _____

4. Anoche, mis amigos y yo _____

    cuando _____

5. Mis padres siempre _____, pero

    el verano pasado _____

6. Mi novio(a) _____

    cuando _____

7. Aunque _____, el

    profesor _____

8. Cuando _____, nosotros

_____

9·20 **Actividades durante el viaje.** Fill in the blanks with **por** or **para**.

1. Marcos caminaba _____ el parque.

2. Compré las orquídeas porque, _____ mí, son muy bonitas.

3. Alfredo montaba a caballo _____ la tarde.

4. Enriqueta sale _____ el hotel.

5. Vamos a quedarnos allí _____ tres semanas.

6. Salimos _____ otro rollo de película.

7. Escribí las tarjetas postales _____ ti.

8. Hice las reservaciones _____ mis padres.

9. _____ mañana, necesito los boletos.

10. ¿Pagaste mil dólares _____ este viaje?

9·21 **Sinónimos.** Write the **por** expressions that are synonyms for the following.

1. generalmente _por lo general_ _____

2. finalmente _____ / _____

3. ¡Claro! _____

4. casi _____

5. es porque... _____

6. a propósito _____

7. aparentemente _____

9·22 **Actividades durante las vacaciones.** Complete the paragraph using **por** or **para**.

El sábado salimos _____ Costa Rica. (Fuimos _____ los boletos ayer.)

Vamos _____ avión y vamos a quedarnos allí _____ dos semanas. El

agente de viajes planeó muchas actividades _____ nosotros. _____ las mañanas, vamos a hacer excursiones _____ el país y _____ las tardes,

vamos a participar en varias actividades. Podemos dar un paseo _____ el

parque nacional, montar a caballo _____ la playa o asolearnos _____

una hora. _____ el fuerte sol en Costa Rica, el agente nos recomendó una

loción bronceadora. Vamos a Costa Rica _____ descansar un poco y

_____ divertirnos, ¡_____ supuesto!

SÍNTESIS

Temas de composición

9·23 Conversaciones con el agente de viajes. You need to speak with a travel agent while studying in Spain. How would you communicate the following needs? Write what you would say on the lines provided.

1. You need to buy a roundtrip ticket to Paris. You want a nonstop flight.

    _____

    _____

2. You want a window seat near the wing, in the non-smoking section in coach class.

    _____

    _____

    _____

3. You need to know the departure and arrival times.

    _____

    _____

4. For your trip to Paris you're looking for a package deal that includes the flight, lodging in a hotel for the weekend and a tour of the city.

    _____

    _____

5. Tell the agent you'll pick the tickets up at the airline counter at the airport. Ask the agent if she needs to see your passport.

    _____

    _____

9·24 Tu último viaje. Using the preterite and imperfect, describe your last trip. In the first paragraph, describe where you went, the weather, the accommodations, etc. In the second paragraph, describe your daily activities and how you felt. In the last paragraph, describe your last day and your return trip.

_____

_____

_____

_____

_____

_____

_____

_____

_____

_____

_____

_____

_____

_____

9·25 Un viaje desastroso. Using the cartoons as a guide, write a story about Sara's trip. Include descriptions of Sara, her travel plans, her accommodations and her conversation with the travel agent upon returning. Write the story in the past tense.

_____

_____

_____

_____

_____

_____

_____

_____

_____

_____

_____

_____

_____

_____

_____

_____

LECCIÓN 10
¡Su salud es lo primero!

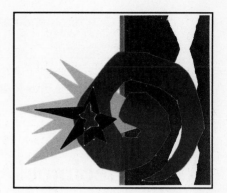

PRIMERA PARTE

¡Así es la vida!

10·1 **¡Qué mal me siento!** Reread the conversation on page 315 of your text and answer the questions below in complete sentences.

1. ¿De qué está hablando don Remigio con su esposa?

   _____

2. ¿Cuánto tiempo hace que está enfermo?

   _____

3. ¿Qué quiere doña Refugio?

   _____

4. ¿En qué insiste ella?

   _____

5. ¿Por qué no quiere don Remigio ir al médico?

   _____

6. ¿Qué síntomas tiene don Remigio?

   _____

7. ¿Qué tiene don Remigio según el médico?

   _____

8. ¿Qué recomendaciones le hace el médico a don Remigio?

   _____

9. ¿Qué odia don Remigio?

   _____

¡Así lo decimos!

10·2 **¿Qué me recomienda Ud.?** You are the doctor and need to recommend various courses of action to your patients. Choose an expression from the list below and respond to each complaint. Use the **Ud.** command form.

> hacer una cita con el cirujano. Él se lo va a explicar.
> tomarse este jarabe para la tos
> tomarse este antibiótico por diez días
> hacer una cita conmigo la semana que viene si no se siente mejor
> venir al consultorio para una inyección
> ir al hospital para una radiografía
> guardar cama por dos días
> tomarse dos aspirinas y llamarme por la mañana
> tomarse un antiácido
> dejar de fumar

1. Me duele mucho la garganta.

   _____

2. Toso tanto que no puedo dormir.

   _____

3. Creo que me rompí el dedo del pie.

   _____

4. Estoy muy alérgico a la hierba.

   _____

5. Me duele mucho la cabeza.

   _____

6. Creo que tengo la gripe.

_____

7. Me duele todo el cuerpo.

_____

8. Comí demasiado y ahora me duele el estómago.

_____

9. No puedo respirar bien cuando hago ejercicios.

_____

10. ¿Cuándo van a operarme?

_____

10·3 A completar. Complete each sentence with a word or expression from ¡Así lo decimos!

1. Si alguien cree que tiene fiebre, debe _____ para estar

   seguro.

2. _____ trabaja en la farmacia.

3. Si el médico quiere examinarle la garganta al paciente, éste debe

   _____.

4. Cuando alguien está enfermo, a veces el médico le _____

   unas pastillas.

5. Si _____, debe tomarse aspirinas.

6. Cuando era niño, Antonio siempre _____ cuando viajaba

   en el coche de sus padres. Le dolía mucho el estómago y vomitaba.

7. Esta semana Jorge no puede hacer ejercicio con nosotros porque la semana

   pasada, _____ cuando corríamos.

8. Los dientes y la lengua están dentro de _____.

9. _____ es un líquido rojo que pasa por todo el cuerpo.

10. Los órganos que usamos para respirar se llaman _____.

10·4 **El cuerpo.** Identify the numbered parts of the body in the illustration below.

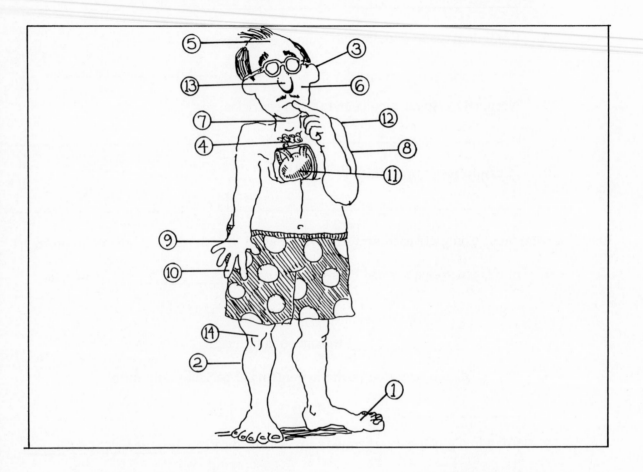

1. _____   8. _____

2. _____   9. _____

3. _____   10. _____

4. _____   11. _____

5. _____   12. _____

6. _____   13. _____

7. _____   14. _____

Estructuras

10·5 **Unas recomendaciones.** Fill in the blanks with the present subjunctive form of the indicated verbs.

1. El médico quiere que Ud:

   _____ (fumar) menos.

   _____ (hacer) más ejercicios.

   _____ (guardar) cama.

   _____ (sacar) la lengua.

2. El cirujano prefiere que tú:

   _____ (dormir) más de 6 horas al día.

   _____ (hacer) una cita con él.

   _____ no (correr).

   _____ no (torcerse) el tobillo más.

3. El hospital sugiere que nosotros:

   _____ (pagar) la cuenta.

   _____ (hablar) con el cirujano.

   _____ (venir) 15 minutos antes de la hora de la cita.

   _____ (llegar) una hora antes de la operación.

4. El farmacéutico quiere que yo:

   _____ (venir) a la farmacia.

   _____ (tomarse) la temperatura.

   _____ (ir) a la farmacia del hospital.

   _____ (darle) mi número de teléfono.

5. Los padres esperan que sus niños:

_____ no (tener) náuseas durante el viaje.

_____ no (enfermarse).

_____ no (romperse) ningún hueso.

_____ no (toser).

10·6 **En el consultorio del médico.** Complete the paragraphs below with the correct present subjunctive form of the verbs in parentheses.

1. El médico recomienda que el niño _____ (dormir) mucho

esta noche y que _____ (beber) muchos líquidos. También

recomienda que no _____ (hacer) ejercicio por una

semana. Insiste en que no _____ (correr), que no

_____ (nadar) y que no _____

(bailar).

2. La recepcionista prefiere que yo _____ (escribir) la

información en el formulario y que _____ (pagar) la cuenta

inmediatamente. Quiere que le _____ (pedir) al médico la

fecha de la próxima cita. También quiere que la _____

(llamar) si necesito hablar con el médico.

3. La médica recomienda que nosotros _____ (levantarse)

tarde y que _____ (acostarse) temprano. Sugiere que no

_____ (trabajar) por dos o tres días y que

_____ (empezar) a descansar más. También sugiere que

_____ (comer) más frutas y vegetales y que

_____ (dormir) más.

10·7 **Mandatos, mandatos.** You are the leader of a group discussing health issues. Choose a verb from the list and change the direct command to an indirect command. Follow the model.

   MODELO: *Ven aquí. Quiero que vengas aquí.*

    querer   recomendar
    desear   pedir
    decir   mandar
    sugerir

1. ¡Hagan Uds. una cita con el médico cada año!

   _____

2. ¡Fuma menos, tú!

   _____

3. Aprendan a tomarse la temperatura.

   _____

4. Tome Ud. aspirinas solamente si le duele la cabeza mucho.

   _____

5. Ten cuidado con las medicinas.

   _____

6. Hablen con un médico si tienen preguntas.

   _____

7. Come muchas legumbres.

   _____

8. No bebas mucha cerveza.

   _____

9. Empiecen a pensar en su salud.

   _____

10. No duerma más de diez horas cada noche.

   _____

10·8 **Una vida saludable.** You and your friends have decided to adopt healthier lifestyles. Fill in the blanks below with the subjunctive, indicative or infinitive form of each verb in parentheses.

Uno de nuestros amigos, Pablo, participa en un programa de salud. Ahora insiste en

que nosotros _____ (participar) con él. Desea que todos nosotros

_____ (estar) sanos y que no _____

(enfermarse). Pablo dice que el programa _____ (ser) fácil y que se

_____ (poder) empezarlo inmediatamente, pero también

recomienda que nosotros _____ (hacer) una cita con el médico

antes de _____lo (empezar). Nos sugiere que _____

(correr) un poco todos los días y que _____ (hacer) ejercicios con

él. Es necesario _____ (continuar) con el programa por dos meses,

según Pablo. Durante una práctica de ejercicios, desea que _____

(tocar) los dedos del pie con los dedos de la mano. En otra práctica, nos aconseja que

_____ (levantar) las piernas y que las _____

(bajar) lentamente. Es necesario _____ (respirar) normalmente

durante toda la práctica. Antes de cada práctica, nos pide que _____

(ver) un video de ejercicios para _____nos (inspirar). ¡Vamos a

_____ (sentirse) perfectamente bien muy pronto!

10·9 **Recomendaciones.** A friends want some advice from you regarding his health. Complete the following sentences, giving your recommendations. Use a different verb in each sentence.

1. Te recomiendo que _____

2. Te mando que no _____

3. Te aconsejo que _____

4. Te pido que _____

5. Te prohíbo que _____

6. Te digo que tú y tus amigos _____

7. También les sugiero que Uds. _____

8. Deseo que Uds. _____

SEGUNDA PARTE

¡Así es la vida!

10·10 **Ojo a la dieta.** Based on the article on page 328 of your text, answer the following questions.

1. ¿Por qué es importante vigilar la alimentación?

   _____

   _____

2. ¿Qué enfermedades causan más muertes que cualquier otra complicación de la diabetes?

   _____

   _____

3. ¿Cómo se puede reducir el riesgo de estas enfermedades?

   _____

   _____

4. ¿Qué alimentos se deben limitar, según el artículo?

   _____

   _____

   _____

5. ¿Qué alimentos son buenos?

   _____

   _____

   _____

6. ¿Qué otros factores contribuyen a la buena salud?

_____

_____

¡Así lo decimos!

10·11 A escoger. Select the most appropriate word or phrase to complete each sentence and write it on the line provided.

1. Si alguien desea adelgazar, necesita eliminar de su dieta _____.

    a. las frutas
    b. la grasa
    c. las legumbres

2. Para mantenerse en forma, se necesita _____.

    a. fumar
    b. engordar
    c. hacer ejercicios aeróbicos

3. Para subir de peso, se necesita _____.

    a. estar a dieta
    b. adelgazar
    c. comer muchos carbohidratos

4. Algunos médicos insisten en que a sus pacientes les baje el _____.

    a. cigarrillo
    b. colesterol
    c. reposo

5. Se compran los alimentos más saludables en _____.

    a. el centro naturalista
    b. la pastelería
    c. la mueblería

6. Para ponerse en forma, recomiendo que _____.

    a. comas más
    b. trotes
    c. engordes

7. Si el sobrepeso es un problema, hay que _____.

    a. beber las bebidas alcohólicas
    b. comer avena
    c. guardar la línea

8. Un tipo de ejercicio es _____.

    a. la estatura
    b. la gimnasia
    c. el roposo

10·12 Consejos. Using words and expresssions from **¡Así lo decimos!**, give advice to your friends in the sentences below.

1. —Estoy muy cansada siempre.

    —Te sugiero que _____

2. —Mi colesterol está muy alto. ¿Qué hago?

    —Te recomiendo que _____

3. —Como demasiadas grasas. ¿Qué me puedes aconsejar?

    —Te aconsejo que _____

4. —Mi amigo fuma cigarrillos y bebe bebidas alcohólicas.

    —Dile que _____

5. —No sé si debo ponerme a dieta. ¿Qué te parece?

    —Te sugiero que _____

10·13 Cuestionario. Answer the questions below in complete sentences.

1. ¿Cómo guardas la línea?

    _____

2. ¿Quieres adelgazar o engordar?

    _____

3. ¿Necesitas ponerte en forma?

    _____

4. Cuando haces ejercicios, ¿qué haces?

_____

5. ¿Te cuidas bien? ¿Qué haces para cuidarte?

_____

6. ¿Comes alimentos saludables o no saludables?

_____

Estructuras

10·14 En el club de salud. Form complete sentences using the cues provided. Make all necessary changes and add any other necessary words.

MODELO: (yo) / esperar / (tú) / hacer ejercicios
            Espero que hagas ejercicios.

1. (yo) / enojarse / (tú) / no cuidarse / mejor

_____

2. ¿(tú) / temer / haber / demasiado / grasa / en el chocolate?

_____

3. (nosotros) / sentir / (tú) / no poder / levantar pesas / este / tarde

_____

4. ¿(Uds.) / lamentar / el club / no estar / abierto?

_____

5. Mis amigos / esperar / (yo) / hacer / ejercicios aeróbicos / con ellos

_____

6. Pablo / estar / contento / nosotros / ir / club / hoy

_____

7. El atleta / sorprenderse de / ellos / fumar / después /correr

_____

8. Los equipos / insistir / todos / nosotros / participar

   _____

9. ¿(Ud.) / alegrarse / yo / mantenerse / forma?

   _____

10. Me / sorprender / tú / estar / dieta

    _____

10·15 La salud. Rewrite the sentences below, substituting the expressions in parentheses for the italicized ones. Make any necessary changes.

1. *Me alegro de* que vayas al centro naturalista.
   (Insisto en, Sé, Quiero)

   Insisto en *que vayas al centro naturalista.*

   Sé que _____

   Quiero _____

2. *Creo* que adelgazas. (Espero, Me alegro de, Pienso)

   _____

   _____

   _____

3. *Me molesta* que fumes cigarrillos. (No quiero, Veo, Es obvio)

   _____

   _____

   _____

10·16 La vida de Marisa. Complete the paragraph with the present subjunctive, present indicative or infinitive form of the verbs in parentheses.

Los padres de Marisa desean que ella _____ (estudiar) para

_____ (ser) abogada, pero ella quiere _____

(estudiar) para médica. Todos los días les dice a sus padres que _____ (querer) ser médica pero ellos prefieren que _____ (ser) abogada.

Prefieren la profesión de abogada porque creen que los médicos nunca

_____ (tener) tiempo libre. Esperan que su hija _____

(divertirse) y que no _____ (trabajar) siempre. Marisa insiste en

que sus padres no _____ (tener) razón pero comprende también

que ellos _____ (querer) que ella _____

(estar) contenta. Finalmente los padres le dicen que la decisión _____

(ser) suya y que no les molesta que _____ (ir) a ser médica. Ella se

alegra mucho de que sus padres la _____ (comprender) y que

_____ (respetar) su decisión.

10·17 **Ud. está muy ocupado(a).** Your boss knows you are very busy so when you ask if you should do something, she suggests someone else. Follow the model.

MODELO: —¿Le tomo la temperatura al paciente? (Paca)
            —*Que se la tome Paca.*

1.   —¿Te traigo las radiografías? (Alfredo)

     —_____

2.   —¿Te preparo una taza de té? (Paca)

     —_____

3.   —¿Les llevo las flores a los pacientes? (Susana)

     —_____

4.   —¿Te abro las cartas? (Alfredo)

     —_____

5.   —¿Te escribo las recetas? (los otros empleados)

     —_____

6.   —¿Les leo las tarjetas a las niñas? (Susana)

     —_____

7. —¿Llevo al señor Blando al gimnasio? (Paca)

— _____

8. —¿Te doy la información? (Alfredo)

— _____

9. —¿Les hago los sándwiches a los niños? (Susana)

— _____

10. —¿Le sugiero un plan de ejercicios al señor? (Paca)

— _____

10·18 Consejos. Give your friends advice using negative and affirmative indirect commands. Follow the model.

MODELO: —Tengo que bajar de peso.
—*Que no comas grasa. Que corras conmigo.*

1. —Necesito ponerme en forma.

— _____

2. —Quiero cuidarme mejor.

— _____

3. —Deseo ponerme a dieta.

— _____

4. —No me siento bien hoy.

— _____

5. —Creo que me torcé el tobillo.

— _____

6. —Subo de peso.

— _____

7. —Tengo la gripe.

—_____

8. —Me duele todo el cuerpo.

—_____

Lectura

Mundo hispánico: Los países andinos: Ecuador, Perú, Bolivia y Chile

Preview

In this lesson you will review the reading skills that you used in previous lessons and learn other techniques for analyzing the point of view of a text.

10·19 Skim the text on pages 346-349 for the following features.

1. What do the pictures and graphics suggest to you? Why was each included and placed where it is?

_____

_____

_____

_____

_____

_____

_____

_____

_____

_____

2. Skim the entire text and write in Spanish the "main idea" words of the passage for each of the following categories.

    ¿Quién?: _____

    _____

    _____

    ¿Qué?: _____

    _____

    _____

    ¿Dónde?: _____

    _____

    _____

    ¿Cuándo?: _____

    _____

    _____

3. Skim the entire text and, based on your list of words above, write one or two sentences in Spanish that summarize your hypothesis about the main idea of the text.

    _____

    _____

    _____

During and after the Reading

10·20   Compare the countries described in this reading as indicated below.

1. This text is divided into sections, one for each country. Make a list of the countries from largest to smallest, within each of the following categories.

    Área: _____

    Población: _____

    Capitales: _____

2. Aside from information about the geography and climate of each country, each reading section provides one other piece of significant information. Collect these pieces of information, by writing or copying a short sentence about each country.

_____

_____

_____

_____

3. Compare your sentences and decide why the authors chose these particular pieces of information. (Write notes in English or Spanish in the space provided.) What kind of image does each country have? Does the point of view (image or stereotype) in the text match that in the pictures? (If yes, how? If not, why not?) What is the authors' real point of view about each country? Which countries are made to seem more modern, or positive, or interesting to you? Why?

_____

_____

_____

_____

_____

_____

_____

_____

_____

_____

Temas de composición

10·21 **Federico.** Looking at the drawings of Federico, and describe how he changes. Try to include as much vocabulary from this lesson as possible. Be sure to include the advice he receives from his friends. Be creative!

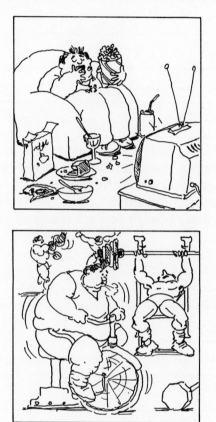

_____

_____

_____

_____

_____

_____

_____

_____

_____

_____

_____

_____

_____

_____

_____

10·22 **Tu salud.** Write a two-paragraph essay comparing your current state of health with that when you were a child. In the first paragraph, include the activities you participated in, how fit you were and your feelings toward the doctor. In the second paragraph, describe your present exercise routine, how fit you are now and your present attitude toward your doctor.

_____

_____

_____

_____

_____

_____

_____

_____

_____

_____

_____

LECCIÓN 11
Los medios de información y la política

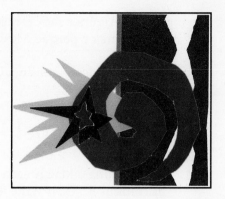

PRIMERA PARTE

¡Así es la vida!

11·1 **El editorial.** Reread the article on page 351 of your text and decide if the following statements are **C (Cierto)** or **F (Falso)**.

1.	*Novedades* es un periódico mexicano.	C	F
2.	El escritor del artículo habla de los mexicanos en los EE.UU.	C	F
3.	El artículo apareció en Chicago.	C	F
4.	Recientemente muchos mexicanos emigraron a Chicago.	C	F
5.	A los mexicanos en Chicago les gusta la ciudad.	C	F
6.	Los mexicanos todavía extrañan su país y conservan su cultura en Chicago.	C	F
7.	Les gustó mucho la visita del presidente Salinas de Gortari.	C	F
8.	México no olvida a los mexicanos de fuera.	C	F
9.	El gobierno mexicano cree que los derechos humanos no son importantes si la gente no está en México.	C	F
10.	Los trabajadores migratorios no tienen problemas.	C	F

11.   Algunos mexicanos emigran para buscar una vida   C   F
       mejor porque México no se la puede ofrecer.

12.   México y los EE.UU. hablan de este problema.   C   F

¡Así lo decimos!

11·2   Asociaciones. Match each word in column A with the most logical word or expression in column B. Then write an original sentence using both items.

A	B
1. _____ el anfitrión	a. la crónica
2. _____ la reportera	b. la reseña
3. _____ el meteorólogo	c. el periódico
4. _____ el crítico	d. la televisión
5. _____ la comentarista	e. el concurso
6. _____ el patrocinador	f. el noticiero
7. _____ el artista	g. las tiras cómicas
8. _____ el lector	h. el locutor
9. _____ el titular	i. la primera plana
10. _____ el televidente	j. el tiempo

Now write your sentences.

1. _____

2. _____

3. _____

4. _____

5. _____

6. _____

7. _____

8. _____

9. _____

10. _____

11·3   Las secciones del periódico. Write the name of the section of the newspaper you would turn to in these situations.

1. Buscas un trabajo. _____

2. Buscas el resultado del partido de béisbol _____

3. Tienes problemas con tu novio. _____

4. Quieres ir al cine o al teatro. _____

5. Deseas saber tu futuro. _____

6. Necesitas saber la fecha del funeral de un amigo. _____

7. Quieres saber quiénes se casan. _____

8. Deseas saber la opinión del editor. _____

11·4   A escoger. Choose the most logical response and circle it.

1. A un (televidente, radioyente) le gusta escuchar la radio.

2. Para enterarse de los acontecimientos del día, se lee (una reseña, la primera plana).

3. Mi (estación de radio, emisora) favorita es WKBG.

4. Un (comentarista, lector) anuncia las noticias a las siete de la noche.

5. La (emisora, telenovela) transmite sus programas todos los días.

6. El periodista (informa sobre, patrocina) las noticias del día.

7. (La cadena, El canal) selecciona los programas.

8. La (patrocinadora, crítica) del certamen paga los gastos del programa.

9. Tengo (una televisión, un televisor) grande en mi casa.

10. Voy a leer (el editorial, la editorial) esta tarde.

Estructuras

11·5 Unas opiniones. María disagrees with everything Carlos says. Play the part of María and change Carlos' statements from affirmative to negative or vice versa. Make any other necessary changes.

> MODELO: —Creo que hay censura de la prensa.
> —*Yo no creo que haya censura de la prensa.*

1. —Dudo que Enrique se entere de los acontecimientos del día.

    —_____

2. —No pienso que el reportero nos informe claramente.

    —_____

3. —Creo que el horóscopo es inútil.

    —_____

4. —No estoy seguro de que se transmitan los programas en vivo.

    —_____

5. —No niego que el meteorólogo no siempre tiene razón.

    —_____

6. —No creo que la patrocinadora sea española.

    —_____

7. —Pienso que los canales ofrecen muchas opciones.

    —_____

8. —No dudo que las telenovelas exageran la realidad.

    —_____

9. —Hay duda que el locutor sepa bien los detalles.

    —_____

10. —Niego que la prensa controle las noticias.

    —_____

11·6 **Tu opinión.** Juan makes many generalizations. Do you agree with him? Choose from the list below and express your opinion about the following statements. Follow the model.

(no) dudar	(no) pensar	(no) estar seguro(a) de
(no) negar	(no) creer	(no) es cierto

MODELO: —Los editorales en el periódico son buenos.
—*No creo que sean buenos.*

1. —Las mujeres no son buenas reporteras.

    —_____

2. —Los meteorólogos nunca tienen razón.

    —_____

3. —Las personas inteligentes no miran la televisión.

    —_____

4. —Las personas responsables leen el periódico todos los días.

    —_____

5. —Un comentarista nunca miente.

    —_____

6. —Los críticos escriben reseñas informativas.

    —_____

7. —El horóscopo predice bien el futuro.

    —_____

8. —La emisora necesita censurar los programas.

    —_____

9. —Los supermercados no deben vender los periódicos sensacionalistas.

    —_____

10. —A los televidentes les gustan mucho las telenovelas.

    —_____

11·7 Cuestionario. Answer the following questions in complete sentences.

1. ¿Crees que las telenovelas tengan valor?

   _____

2. ¿Dudas que haya personas que miren la televisión más de ocho horas al día?

   _____

3. ¿Piensas que los periodistas nos dicen la verdad?

   _____

4. ¿Niegas que el gobierno de los EE.UU. controle la prensa?

   _____

5. ¿Es cierto que los periódicos sensacionalistas inventan sus artículos?

   _____

6. ¿No crees que muchas personas se ríen de los artículos en estos periódicos?

   _____

11·8 En la oficina. Your new colleague in the sports department of the newspaper is always asking your opinion about what task you should both work on next. You often change your mind about what your priorities are. Answer your colleague's questions, following the model.

MODELO: —¿Empezamos a trabajar?
              —*Sí, empecemos a trabajar ahora...*
              or
              —*No, no empecemos a trabajar hasta más tarde.*

1. —¿Nos enteramos de los resultados de los partidos de ayer?

   —_____

2. —¿Vamos al partido de béisbol?

   —_____

3. —¿Escribimos el artículo?

   —_____

4. —¿Nos acordamos de los nombres de los jugadores ahora?

    —_____

5. —¿Comemos mientras escribimos?

    —_____

6. —¿Sacamos fotos de la estrella del partido?

    —_____

7. —¿Les hacemos preguntas a algunos de los aficionados?

    —_____

8. —¿Nos divertimos durante el partido también?

    —_____

11·9   **En el estadio de televisión.** You're an intern at the TV station and you ask two co-workers for advice. One agrees with you and the other doesn't. Use **nosotros** commands and object pronouns where appropriate. Follow the model.

MODELO: poner la cámara
   Ud.: —¿*Ponemos la cámara?*
   #1: —*Sí, pongámosla.*
   #2: —*No, no la pongamos.*

1. darle café a la anfitriona

    Ud.: _____

    #1: _____

    #2: _____

2. leer el noticiero otra vez para eliminar errores

    Ud.: _____

    #1: _____

    #2: _____

3. organizarle la lista de acontecimientos al locutor

    Ud.: _____

#1: _____

#2: _____

4. pedirle al jefe la información

Ud.: _____

#1: _____

#2: _____

5. prepararnos inmediatamente

Ud.: _____

#1: _____

#2: _____

SEGUNDA PARTE

¡Así es la vida!

11·10 La política. Reread the speech on page 363 of your text and answer the questions below.

1. ¿Quién es Amado Bocagrande?

   _____

2. ¿Qué tipo de candidato es el Sr. Bocagrande?

   _____

3. ¿Qué afronta la República de Paloquemado?

   _____

4. ¿Qué duda Amado Bocagrande?

   _____

5. ¿Qué es importante, según el Sr. Bocagrande?

   _____

6. ¿Qué promesas les hace el Sr. Bocagrande a los habitantes de Paloquemado?

    _____

    _____

7. ¿Cuál es el lema del señor Bocagrande?

    _____

¡Así lo decimos!

11·11 Un editorial. Complete the paragraph using the verbs from the list below. Use the present subjunctive, the present indicative or the infinitive form of the verb, as necessary.

mejorar   afrontar   establecer
ayudar   resolver   apoyar
prevenir   eliminar   combatir
aumentar

...Todos los políticos dicen que van a _____ los problemas del

pueblo. También dicen que quieren _____ las condiciones de vida

de los ciudadanos. Para mí, es necesario que ellos _____ los

problemas más serios ahora mismo. Quiero que ellos _____ unos

comités para estudiar estos problemas. También, les sugiero que _____

el desempleo ahora, dándole trabajo a la gente. Así pueden _____

al mismo tiempo en la reconstrucción de las ciudades. No pueden _____

el desempleo totalmente en el futuro, pero hay que hacer algo ahora. El desempleo

_____ el número de crímenes y causa otros problemas sociales. Si

yo _____ a Bocagrande, es importante que él _____

algunos de los problemas más serios....

11·12 A completar. Complete the sentences with words or expressions from ¡Así lo decimos!

1. En una democracia, _____ es el líder del país.

2. En una monarquía, _____ o _____

    gobierna el país.

3. _____ es el líder de una ciudad o de un pueblo.

4. _____ trabaja en una corte y decide cuestiones

    relacionadas con las _____.

5. Los candidatos hacen _____ elocuentes en los que atacan a

    sus _____.

6. El líder de una dictadura se llama _____.

7. Un representante trabaja en _____ y un senador en

    _____.

8. Antes de las elecciones, siempre hay _____ políticas.

9. _____ de un gobernador es servir al pueblo.

10. El senado y la cámara de representantes forman _____.

11·13 **Los lemas.** You are running for office. Write eight campaign slogans/promises using
the terms from the list below.

el aborto	los impuestos
la defensa	la inflación
el crimen	el desempleo
los programas sociales	

MODELO: *Si Uds. me eligen, voy a eliminar la contaminación del aire.*

1. _____

2. _____

3. _____

4. _____

5. _____

6. _____

7. _____

11·14 Cuestionario. Answer the questions in complete sentences.

1.   ¿Qué le recomiendas al presidente de los EE.UU.?

_____

_____

2.   ¿Cuál es el problema más importante que debemos afrontar? ¿Qué sugiere Ud. para resolverlo?

_____

_____

3.   ¿Crees que es necesario votar? ¿Por qué sí o por qué no?

_____

_____

4.   ¿Cómo crees que se puede combatir el aumento del número de crímenes violentos?

_____

_____

5.   ¿Qué problemas quieres que afronten los contrincantes en las próximas elecciones?

_____

_____

Estructuras

11·15 Preguntas y respuestas. The candidates are asked the following questions. Using the cues in parentheses, answer the questions in complete sentences.

MODELO: —¿Qué es bueno? (todo el pueblo / votar)
—*Es bueno que todo el pueblo vote.*

1.   —¿Qué es extraño? (senadores / no controlar / impuestos)

—_____

2. —¿Qué es verdad? (inflación / subir)

    —_____

3. —¿Qué es cierto? (políticos / afrontar / problemas)

    —_____

4. —¿Qué es evidente? (alcalde / no eliminar / crimen)

    —_____

5. —¿Qué es necesario? (congreso / establecer / leyes / nuevo)

    —_____

6. —¿Qué es probable? (aborto / ser / parte / campañas)

    —_____

7. —¿Qué es urgente? (mejorarse / condiciones / pueblo)

    —_____

8. —¿Qué no es seguro? (contrincante / ganar / elecciones)

    —_____

9. —¿Qué es seguro? (presidente / resolver / conflictos)

    —_____

10. —¿Qué es dudoso? (reina / apoyar / rey)

    —_____

11·16 Decisiones políticas. Here are some excerpts from political speeches. Fill in the blanks
with the appropriate form of the verbs in parentheses.

1. ...Es malo que _____ (haber) desempleo en este país rico.

    Es urgente que nosotros _____ (afrontar) este problema

    ahora mismo, pero es cierto que no _____ (poder)

    eliminarlo inmediatamente. Es difícil _____ (corregir) este

    problema en poco tiempo...

2. ...Es increíble que mi contrincante no _____ (creer) que el

aborto _____ (ser) un tema importante. Es indispensable

que la mujer _____ (tener) el derecho de tomar esa

decisión importante y personal. Es fácil no _____ (hablar)

de este tema, pero es mejor _____lo (afrontar). Es cierto

que el pueblo me _____ (apoyar) en este tema.

3. ...El gobierno quiere que el pueblo no _____ (votar).

Según ellos, es imposible que la gente _____ (saber) quién

es el mejor candidato. Por eso es urgente _____

(continuar) con la dictadura. Es malo que la gente _____

(combatir) este gobierno; es mejor que ellos lo _____

(aceptar). Pero también es evidente que la gente _____

(querer) cambios.

4. ...Según la corte suprema, es increíble que el gobernador _____

(querer) que los jueces _____ (cambiar) la ley. Es una

lástima que al gobernador no le _____ (gustar). Es

necesario _____ (separar) la corte y el gobierno. Es

imposible que el gobernador _____ (controlar) la corte,

pero es seguro que él _____ (querer) hacer justamente eso.

11·17 Situaciones políticas. Complete the sentences below with the subjunctive or indicative form of the verbs in parentheses.

1. Tengo un senador que _____ (hablar) español pero

necesitamos un senador que _____ (hablar) español e

inglés.

2. Conozco a un representante que _____ (trabajar) mucho, pero quiero elegir un representante que _____ (poder) hacer más.

3. No hay ningún político que _____ (ser) honesto. Hay muchos que _____ (ser) malos.

4. Hay unos gobernadores que _____ (mejorar) las condiciones de vida. Buscamos un gobernador que _____ (querer) hacer esto.

5. Éste es el rey que _____ (aumentar) los impuestos. Queremos un rey que _____ (bajar) los impuestos.

6. Conozco a un juez que _____ (aceptar) dinero por sus decisiones. Es necesario encontrar un juez que _____ (combatir) esas cosas.

7. —¿Hay alguien aquí que _____ (votar) por Bocagrande?
   —No, no hay nadie que _____ (querer) elegirlo.

8. —¿Conoces una dictadora que _____ (ser) justa?
   —No, no conozco a ninguna dictadora que _____ (pensar) primero en su país.

9. Conozco a un representante que _____ (preferir) la monarquía a la democracia. ¿Hay otros representantes que _____ (querer) una monarquía?

10. Necesitamos un presidente que _____ (resolver) los problemas del país. No hay nadie que _____ (poder) hacer eso.

11·18 **Trabajos para la campaña.** You work for a fledgling political campaign, and you need to hire the following people. Write the ads, following the model.

MODELO: buscar secretaria — hablar español e inglés, saber escribir bien, ser simpática
Se busca una secretaria que hable español e inglés, que sepa escribir bien y que sea simpática.

1. necesitar artista — poder ilustrar folletos, crear *(create)* lemas, diseñar carteles *(design posters)*

   _____

   _____

2. buscar jefe de personal — ser bilingüe, tener contactos en el pueblo, llevarse *(get along)* bien con los otros

   _____

   _____

3. solicitar secretaria de prensa — hablar bien en público, ser inteligente, trabajar bien con muchas personas

   _____

   _____

4. necesitar voluntarios — poder viajar mucho, creer en la campaña, querer mejorar la sociedad

   _____

   _____

5. buscar recepcionista — manejar la oficina, ayudar al jefe de personal, saludar a los visitantes

   _____

   _____

11·19 **La situación política.** Use the words below in the order given to form complete sentences. Be sure to make any necessary changes and add any needed words.

1. Ojalá / juez / apoyar / ley

   _____

2. Tal vez / representante / votar / este / programa

   _____

3. Senador / ir / ser / bueno / quizás

   _____

4. Nuevo / reina / ir / resolver / mucho / problemas / tal vez

   _____

5. Ojalá / discurso / contrincante / ser / breve

   _____

6. Quizás / el deber / congreso / no ser / bajar / impuestos

   _____

7. Tal vez / candidata / ir / ganar / elecciones

   _____

8. Defensa / ser / importante / tal vez

   _____

9. Ojalá / corte suprema / cambiar / ley

   _____

10. Quizás / dictadora / mejorar / vida / pobres

   _____

11·20 **¿Qué esperas tú?** Write six things that you hope will occur after the next elections. Begin your sentences with **Ojalá**.

MODELO: *Ojalá que se bajen los impuestos.*

1. 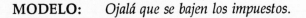 _____

2. _____

3. _____

4. _____

5. _____

6. _____

SÍNTESIS

Lectura

Mundo hispánico: Los países del Río de la Plata: Argentina, Paraguay y Uruguay

Preview

In this lesson you will review the reading skills that you used in previous lessons and learn other techniques for analyzing the point of view of a text.

11·21 Skim the text on pages 387-389 for the following features.

1. What do the pictures and graphics suggest to you? Why was each included and placed where it is?

   _____

   _____

   _____

   _____

   _____

   _____

   _____

   _____

2. Skim the entire text and write in Spanish the "main idea" words of the passage for each of the following categories.

   ¿Quién?: _____

   _____

   _____

¿Qué?: _____

_____

_____

¿Dónde?: _____

_____

_____

¿Cuándo?: _____

_____

_____

3. Skim the entire text and, based on your list of words above, write one or two sentences in Spanish that summarize your hypothesis about the main idea of the text.

_____

_____

_____

During and after the Reading

11·22 This text is divided into sections, one for each country. Analyze the content of each section by performing the following tasks.

1. Make lists according to the indicated criteria, comparing various aspects of the countries.

Área: (del más grande al más pequeño)

_____

_____

Población: (del más grande al más pequeño)

_____

_____

Capitales: (de la más grande a la más pequeña, con el país y el número de habitantes)

_____

_____

Primera persona notable de cada país: (y su profesión)

_____

_____

2. Aside from information about the geography and climate of each country, each reading section provides some additional information. Collect this information by writing or copying one to three short sentences in Spanish about each country.

_____

_____

_____

_____

_____

_____

_____

_____

_____

_____

_____

_____

_____

3.   Compare your sentences and decide why the authors chose these particular pieces of information. (Write notes in English or Spanish in the space provided.) What kind of image does each country have? Does the point of view (image or stereotype) in the text match that in the pictures? (If yes, how? If not, why not?) What kind of "Figuras prominentes" count in each country? What kind and how long a tradition does each country have? What is the authors' real point of view about each country? Which countries are made to seem more modern, positive or interesting to you, and why?

_____

_____

_____

_____

_____

_____

_____

_____

_____

_____

_____

_____

_____

Temas de composición

11·23   **En mi opinión.** Express your point of view on the most pressing political issues of the day. Complete each sentence below and then develop your opinion further, either with supporting information or a prediction for the future.

1. Es preciso que el presidente _____

_____

_____

_____

2. No creo que nuestro alcalde _____

_____

_____

_____

3. Espero que nuestros senadores _____

_____

_____

_____

4. Busco un candidato al congreso que _____

_____

_____

_____

5. Dudo que el gobierno _____

_____

_____

_____

11·24 **Tu candidato(a) ideal.** Write a short essay describing the ideal political candidate. Be sure to include his/her experience, personal qualities, stands on issues and what you hope he/she will accomplish while in office.

_____

_____

_____

LECCIÓN 12
¡Somos Turistas!

PRIMERA PARTE

¡Así es la vida!

12·1   En Madrid. Reread the conversation on page 391 of your text and answer the questions.

1.   ¿Quiénes son Peggy y Terry McGuire?

   _____

2.   ¿Por qué hablan ellas con el conserje de su hotel?

   _____

3.   ¿Está el banco cerca o lejos del hotel?

   _____

4.   ¿Cómo se llega al banco desde el hotel?

   _____

   _____

5.   ¿A cómo está el cambio hoy?

   _____

6.   ¿Qué necesita el cajero antes de darle dinero a Terry?

   _____

7. ¿Qué tiene que hacer Terry antes de recibir sus pesetas?

_____

8. ¿Qué más necesita Peggy? ¿Adónde va?

_____

¡Así lo decimos!

12·2 **Una carta.** Label the numbered areas on the envelope illustrated below.

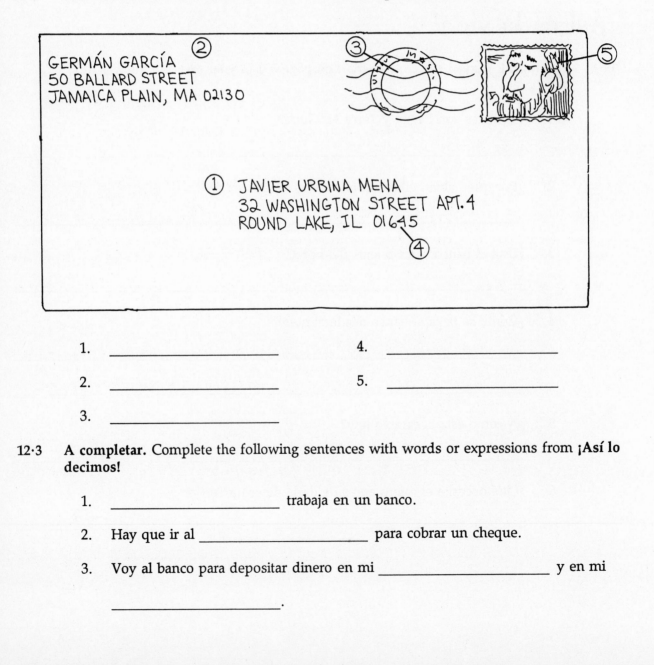

1. _____   4. _____

2. _____   5. _____

3. _____

12·3 **A completar.** Complete the following sentences with words or expressions from ¡Así lo decimos!

1. _____ trabaja en un banco.

2. Hay que ir al _____ para cobrar un cheque.

3. Voy al banco para depositar dinero en mi _____ y en mi

_____ .

4. Se recomiendan _____ cuando se viaja en vez de cheques personales.

5. Cuando cambias dinero, el cajero siempre te da _____.

6. Para no gastar demasiado dinero cuando haces un viaje, hay que planear _____ antes de salir.

7. Si quieres enviarle una carta a alguien, hay que _____ la carta en _____.

8. Antes de cobrar un cheque, es necesario _____ lo.

9. Si quiere que una carta llegue rápido, hay que enviarla _____.

10. En España, es posible comprar sellos en _____.

12·4 Conversaciones. How would you communicate in the following situations with a Spanish-speaking acquaintance?

1. You want to say that the bank is two blocks from the post office.

_____

2. You want to know what the exchange rate is today.

_____

3. You want to know how much stamps cost at the kiosk.

_____

4. You need to tell the person to continue straight ahead to the corner. The post office is on the left.

_____

5. You want to tell the person to cash his check at the cashier's window where the cashier will give him a receipt.

_____

_____

Estructuras

12·5 **¿Qué han hecho estas personas?** Answer the questions below following the model. Use object pronouns where appropriate.

MODELO: —¿Has ido al banco?
—*Sí, he ido al banco.*

1. —¿Has firmado los cheques?

   —_____

2. —¿Han cambiado las pesetas nuestros amigos?

   —_____

3. —¿Ha cobrado el cheque de viajero Marú?

   —_____

4. —¿Has abierto la cuenta de ahorros?

   —_____

5. —¿Han planeado Uds. el presupuesto?

   —_____

6. —¿Le has enviado el cheque al agente de viajes?

   —_____

12·6 **Hay muchas cosas que hacer.** Tell what the following people have done already today. Use the subjects given and the present perfect of the indicated verbs. Follow the model.

MODELO: Franco / ir al correo
Franco ha ido al correo.

1. Nosotros / enviarle la tarjeta postal a la familia

   _____

2. Fernando / comprar sellos

   _____

3. Yo / escribir la dirección del destinatario

    _____

4. Felipe / poner el sello en el sobre

    _____

5. Mis amigos / ir al correo

    _____

6. Yo / ver al cajero en el banco

    _____

7. ¿Tú / hacer los quehaceres?

    _____

8. Nosotros / volver del banco

    _____

12·7 **En el banco.** The boss is telling the employee that the following things need to be done. Respond to the boss, following the model.

MODELO: —Tiene que abrirle la cuenta de ahorros al cliente.
—*Se la he abierto. Ya está abierta la cuenta.*

1. —Tiene que hacerle el cambio al Sr. Gómez.

    —_____

2. —Tiene que escribirle el recibo al cliente.

    —_____

3. —Tiene que descubrirme el error en la cuenta.

    —_____

4. —Tiene que endosarles el cheque a los clientes.

    —_____

5. —Tiene que cambiarme el dinero.

    —_____

12·8 Actividades. Complete the paragraph with the correct form of the past participle of the verb in parentheses. Be sure to make agreement changes only when necessary.

Esta mañana he _____ (ir) a la agencia de viajes porque mi viaje

no está completamente _____ (planear) todavía. Mi cuenta de

ahorros está _____ (cerrar), mis cheques de viajero están

_____ (comprar) y mi presupuesto está _____

(hacer). Esta mañana he _____ (leer) que los precios de los vuelos

están _____ (rebajar) y que los agentes están _____

(preparar) a darnos nueva información. Las reservaciones en el hotel no están

_____ (hacer) y la lista de direcciones de mis amigos no está

_____ (escribir) todavía. Finalmente he _____

(decidir) en la fecha del viaje. Voy a salir el 3 de junio.

12·9 A cambiar. Rewrite the sentences in the passive voice, expressing the agent. Follow the model.

MODELO: El cajero cambió el cheque.
            El cheque fue cambiado por el cajero.

1. La cajera cobró los cheques de viajero.

   _____

2. El empleado cerró la ventanilla de pagos.

   _____

3. El cajero abrió la cuenta corriente.

   _____

4. El empleado escribió el código postal.

   _____

5. Franco pagó el franqueo y los sellos.

   _____

6. Isabel echó la carta en el buzón.

_____

7. El agente me envió el presupuesto.

_____

8. La cajera firmó los cheques.

_____

12·10 **¿Quién hizo qué?** Alfredo wants to know who was responsible for what. Answer the questions according to the model.

MODELO: —¿Se cerraron los bancos? (el presidente)
—*Sí, los bancos fueron cerrados por el presidente.*

1. —¿Se cobraron los cheques? (la cajera)

— _____

2. —¿Se compraron los sellos? (Alicia)

— _____

3. —¿Se cambió el dinero? (Andrés)

— _____

4. —¿Se echaron las cartas? (Alicia)

— _____

5. —¿Se abrió la cuenta? (Alicia)

— _____

6. —¿Se firmaron los cheques de viajero? (Andrés)

— _____

¡Así es la vida!

12·11 Un hotel de categoría. Referring to the ad on page 402 of your text, answer the following questions about the Hotel Riogrande.

1. ¿Cuántas habitaciones tiene el hotel y qué amenidades ofrece?

   _____

   _____

   _____

2. ¿Qué facilidades ofrece el hotel a las compañías que se reúnen allí?

   _____

   _____

   _____

3. ¿Qué diversiones ofrece el hotel?

   _____

   _____

   _____

4. ¿Qué otros servicios ofrece el hotel?

   _____

   _____

   _____

¡Así lo decimos!

12·12 Muchas quejas. Here are some complaints from clients in a hotel. Complete the sentences with words or expressions from **¡Así lo decimos!**

1. Hace mucho calor en este cuarto. Obviamente _____ no funciona.

2. Señor, nuestra _____ no está hecha. No tenemos ni

_____ ni _____. ¿Cómo se puede dormir?

3. No puedo abrir la puerta de mi habitación. ¿Me dio Ud. _____

correcta?

4. No hay _____ en el cuarto de baño.

5. Hace mucho frío en la habitación. ¿Puede Ud. traernos otras dos

_____ para la cama?

6. _____ no nos ha traído las maletas todavía. ¿Dónde está?

7. Estamos en el décimo piso y queremos bajar pero _____

no funciona.

8. ¿Hay otra habitación _____? La gente en la próxima

habitación hace mucho ruido y no se puede dormir.

9. La lámpara en nuestra habitación no funciona. Está _____.

12·13 Asociaciones. Match each item from column A with the best choice in column B. Then write original sentences using each pair of items.

1. _____ el recepcionista   a. el agua caliente

2. _____ el lavabo   b. direcciones para el correo

3. _____ el huésped   c. el registro

4. _____ el botones   d. las sábanas

5. _____ la camarera   e. el casillero

6. _____ la carta   f. un hotel lujoso

7. _____ el conserje   g. la recepción

8. _____ el inodoro   h. el ascensor descompuesto

9. _____ quejarse   i. el equipaje

10. _____ el salón de convenciones   j. el baño

Now write your sentences.

1. _____

2. _____

3. _____

4. _____

5. _____

6. _____

7. _____

8. _____

9. _____

10. _____

12·14 Descripciones. Complete each sentence below with the most logical adjective. Make sure the adjectives agree with the nouns they modify. Use each adjective only once.

roto	decompuesto	limpio
sencillo	doble	disponible
lleno	cómodo	sucio
lujoso		

1. Camarera, el baño de mi habitación está _____. ¿Puede

    Ud. limpiarlo?

2. Mi esposo y yo queremos una habitación _____.

3. ¿Cómo? ¿El parador está _____? ¿Dónde podré quedarme?

4. Señor, el televisor no funciona. Está _____.

5. Este hotel es muy elegante y _____. Por eso cuesta tanto.

6. No hay muchos huéspedes en esta temporada. Por eso tenemos varias

    habitaciones _____. ¿Cuál prefiere Ud.?

7. Viajo solo. Necesito una habitación _____.

8. La cama es muy _____. No voy a tener problemas en dormir.

9. La camarera acaba de ordenar nuestro cuarto. Todo está

    _____.

10. Las luces no funcionan en mi habitación. Están _____.

Estructuras

12·15 ¿Dónde está(n)? No one knows the location of the objects mentioned below. Follow the model and answer the questions.

MODELO: —¿Dónde está tu habitación?
              —*¿La mía? No sé.*

1. —¿Dónde está la llave de Federico?

    —_____

2. —¿Dónde están tus maletas?

    —_____

3. —¿Dónde está mi almohada?

    —_____

4. —¿Dónde están los pasaportes de Uds.?

    —_____

5. —¿Dónde están tus mantas?

    —_____

6. —¿Dónde está nuestro hotel?

    —_____

7. —¿Dónde está el equipaje del Sr. Gómez?

    —_____

8. —¿Dónde están las habitaciones de Ana y Pamela?

    —_____

12·16 **¿De quién es?** Answer Ramón's questions using the cues in parentheses and following the model.

MODELO: —¿Es tu cama? (ella)
—*No, no es mía; es suya.*

1. —¿Es tu llave? (Eduardo)

   —_____

2. —¿Son mis sellos? (nosotros)

   —_____

3. —¿Son los sobres de Uds.? (Uds.)

   —_____

4. —¿Es mi carta? (yo)

   —_____

5. —¿Es la habitación de Graciela? (tú)

   —_____

6. —¿Son nuestros cheques? (nuestros amigos)

   —_____

7. —¿Son mis billetes? (yo)

   —_____

8. —¿Es tu código postal? (él)

   —_____

12·17 **Demasiada repetición.** Rewrite the sentences below using the possessive pronouns. Follow the model.

MODELO: Mi llave y tu llave están aquí.
La mía y la tuya están aquí.

1. Nuestra carta y las cartas de Rafael están el el buzón.

   _____

2. ¿Dónde están mis cheques y los cheques de Susana?

_____

3. Busco la habitación de mis padres y nuestra habitación.

_____

4. Necesito pagar mi cuenta y la cuenta de mis amigos.

_____

5. Quiero hablar con nuestro profesor y el profesor de Federico.

_____

12·18 Nunca antes. Write negative sentences telling what these people had never done before their last vacations. Follow the model.

MODELO: Andrés / comprar / cheques de viajero
Andrés nunca había comprado cheques de viajero.

1. Marisol / pasar tiempo / isla

_____

2. Nosotros / pedir / servicio / restaurante / habitación

_____

3. Mi / padres / quedarse / hotel / lujo

_____

4. Tara / quejarse / condición / habitación

_____

5. Yo / perder / llave / habitación

_____

6. ¿Tú / ver / albergue / estudiantil / tan / limpio?

_____

7. Mi / amigos / hacer / cama / antes / quedarse / hostal

_____

8. Nosotros / poner / aire acondicionado / primavera

_____

12·19 **¿Qué pasó?** All these people had problems. Use the indicated words and write complete sentences in the past. Use the preterite in the first half of the sentence. Add any necessary words, make any needed changes and follow the model.

MODELO: cuando / nosotros / recibir / carta, // ellos / ya / irse / México
Cuando nosotros recibimos la carta, ellos ya se habían ido a México.

1. Cuando / yo / llegar / hotel, // mi / amigos / ya / salir

_____

2. Cuando / maletas / suyo / llegar, // Federico / ya / ir / otro / hotel

_____

3. Cuando / (ellos) / escribir / a nosotros // su / hijos / ya / visitar / a nosotros

_____

4. Cuando / nosotros / hacer / este / reservaciones, // quedarse / nunca / hotel / lujoso

_____

5. Cuando / tú / empezar / buscar / llave, // yo / ya / la / encontrar

_____

6. Mario / ir / banco // pero / Carlos / ya / cobrar / cheques / suyo

_____

7. Cuando / yo / saber / noticias // mi / amigos / ya / hablar / presidente / banco

_____

8. Cuando / nosotros / volver // camarera / ya / limpiar / habitación

_____

12·20 **Problemas, problemas.** Everyone had problems yesterday. Substituting the cues in parentheses, rewrite the sentences below.

1. A Raúl se le cayó la llave en el lago. (a nosotros, a ti, a mí)

   _____

   _____

   _____

2. Se me perdieron los cheques. (a Ana, a Anita y a Rodrigo, a nosotros)

   _____

   _____

   _____

3. Se nos olvidó el número de la habitación. (a ti, a mí, al camarero)

   _____

   _____

   _____

4. Se les rompieron los vasos en la habitación. (a mí, a Susana, a nosotros)

   _____

   _____

   _____

5. Se nos quedaron las maletas. (a ti, a María, a los Gómez)

   _____

   _____

   _____

12·21 **Excusas, excusas.** Everyone has excuses. Following the model and using the cues in parentheses, answer the questions below.

MODELO: —¿Dónde están las llaves? (perder / yo)
              —*Se me perdieron.*

1. —¿Por qué no fuiste al café? (olvidar la fecha / yo)

   —_____

2. —¿Dónde están los vasos? (caer / Federico)

    —_____

3. —¿Dónde están tus maletas? (quedar en Francia / yo)

    —_____

4. —¿Por qué no nos encontraron Uds. en el museo? (perder el mapa / nosotros)

    —_____

5. —¿Por qué fue Ana al hotel y no a la playa? (ocurrir dormir la siesta / Ana)

    —_____

6. —¿Dónde están los pasaportes suyos? (perder en la ciudad / ellos)

    —_____

7. —¿Por qué compraste más recuerdos? (romper los otros / yo)

    —_____

8. —¿Dónde está la mochila? (quedar en el hostal / tú)

    —_____

SÍNTESIS

Temas de composición

12·22 **Una queja.** Write a letter of complaint to the hotel in which you spent last weekend. In the first paragraph, give the dates and length of your stay, where you are from and why you were staying at the hotel. In the second paragraph, list all the problems you had there (no hot water, TV didn't work, etc). In the third paragraph, request that the hotel reimburse you for your horrible weekend and state that you hope conditions will improve in the future. Use your imagination.

Estimados señores:

_____

_____

_____

12·23 Un folleto para el Hotel Excelsior. You have just been hired to copy write a new brochure promoting the Hotel Excelsior. In your ad, include the hotel services, the type of accommodations available, and your personal reactions to the Excelsior.

_____

_____

_____

_____

_____

_____

_____

_____

_____

_____

_____

_____

_____

_____

_____

_____

_____

LECCIÓN 13
Los empleos

PRIMERA PARTE

¡Así es la vida!

13·1 **Los trabajadores.** Reread the business cards on page 425 of your text and complete the following sentences.

1. María Cardona Gómez es _____. Trabaja en el

    _____, en la Calle 42, número _____.

    Su número de teléfono es _____.

2. Raúl Jiménez Esguerra es _____. Su oficina está en el

    _____ en Quito, _____.

3. La Dra. Mercedes Fernández de Robles es _____. Su

    oficina está en el _____, en el

    _____ de México.

4. Ramón Gutiérrez Sergil es _____. La calle

    donde se encuentra su oficina se llama _____. Trabaja en

    _____, _____.

5. La Dra. Julia R. Mercado es _____. Su

    dirección es _____, Barcelona,

    _____. Su número de teléfono es _____

    y su fax _____.

¡Así lo decimos!

13·2 **A completar.** Choose a word or expression from **¡Así lo decimos!** to complete each sentence below.

1. En mi barrio, el cartero _____ el correo por la mañana.

2. _____ me corta el pelo.

3. Acabo de emplear a una arquitecta, que nos va a _____ una casa nueva.

4. Este secretario es magnífico. Puede _____ sesenta palabras por minuto sin error.

5. Las luces no funcionan. Tengo que llamar a _____.

6. _____ ayuda al médico en el hospital.

7. Mariluz es _____. Traduce cartas al inglés o al español para su compañía.

8. La supervisora de los nuevos empleados ha preparado un buen programa de _____. Ellos van a aprender mucho sobre sus responsabilidades durante esta semana.

9. Los vendedores no reciben un salario fijo. Ellos trabajan _____.

10. Los bomberos _____ los incendios en la ciudad.

11. Quiero que el mecánico _____ mi coche hoy.

12. La _____ del político es eliminar el desempleo.

13. Una de las responsabilidades del jefe es determinar el _____ de trabajo para los empleados.

14. _____ trata de curar a los animales.

15. Mi hermano es _____. Hace muebles y casas.

13·3 **Palabras emparentadas.** What words do you remember from previous lessons that are related to these new vocabulary words? Follow the example and write as many related words as you can recall.

MODELO: El (la) enfermero(a)
enfermo(a), la enfermedad, enfermarse

1. el (la) dentista _____

2. el (la) contador(a) _____

3. el (la) cocinero(a) _____

4. el (la) vendedor(a) _____

5. el (la) viajante _____

Estructuras

13·4 **Responsabilidades.** Using the cues provided, write complete sentences indicating what the people named below will do. Follow the model.

MODELO: Mi jefa / planear el horario de trabajo
Mi jefa planeará el horario de trabajo.

1. El cartero / repartir el correo

    _____

2. El arquitecto y yo / diseñar el edificio para la compañía

    _____

3. Yo / decirle la verdad al periodista

    _____

4. La coordinadora / buscar otro puesto

    _____

5. Los vendedores / hacer un viaje

    _____

6. Yo / ir a la agencia de empleos

    _____

7. El electricista / venir a mi casa

_____

8. El plomero y yo / volver a la casa

_____

9. Los periodistas / escribir los artículos

_____

10. Tú / salir para la oficina temprano

_____

13·5 **La descripción del puesto.** Here is a list of responsibilities from a job description. Your boss wants them rewritten in the future tense.

1. El coordinador sabe escribir a máquina.

_____

2. Pone los folletos en los buzones de los otros empleados.

_____

3. Llega a tiempo todos los días.

_____

4. Responde a las cartas de otras compañías.

_____

5. Tiene cuidado con la prensa.

_____

6. No les dice nada a los periodistas.

_____

7. Les explica el horario de trabajo a los empleados.

_____

8. No sale de la oficina hasta las siete.

_____

9. Se reúne con los empleados dos veces al mes.

_____

10. Ayuda a los otros empleados.

_____

13·6 **¿Quién será?** Using the drawings as a guide, make guesses about the people using the future of probability.

1. ¿Quién será?

_____

2. ¿Adónde irá?

_____

3. ¿Por qué viajará allí?

_____

4. ¿Qué leerá?

_____

5. ¿Cuál será su profesión?

_____

6. ¿De qué hablarán ellos?

_____

7. ¿Qué puesto buscará el joven?

_____

8. ¿Cuáles serán las habilidades del joven?

_____

9. ¿Cuáles serán las responsabilidades del puesto?

_____

10. ¿Qué sueldo recibirá el joven?

_____

13·7   **Dentro de diez años.** Say what the following people will or will not have accomplished in ten years. Use the future perfect. The first one has been done for you.

1. **Yo**

   graduarse de la universidad _Me habré graduado de la universidad._ _____

   encontrar un buen trabajo _____

   comprar un coche nuevo _____

abrir una cuenta de ahorros _____

escribir una novela _____

2. **Mi mejor amigo(a)**

volver a la universidad para sacar otro título _____

_____

ser jefe(a) de una compañía _____

ganar mucho dinero _____

ir a Europa _____

ver mucho países _____

3. **Mis padres**

hacer un viaje _____

quedarse en muchos hoteles de lujo _____

darme un coche _____

construir otra casa _____

poder ahorrar más dinero _____

13·8 **¿Qué habrá pasado?** Following the model, use the future perfect of the indicated verb to guess whether something has happened.

MODELO: Siempre salen a las 5:30. Ya son las seis. (salir)
          ¿Habrán salido?

1. Dijeron que iban a terminar el trabajo a las siete. Son las seis y media. (hacer)

_____

2. Salieron para buscar a la directora. (encontrar)

_____

3. Raúl fue a la entrevista para el nuevo puesto hoy. (conseguir)

_____

4. El jefe me dijo que había otro puesto en la nueva compañía. (decirme la verdad)

_____

5. Mi amigo le envió una carta de presentación a la presidenta de la compañía. (recibir)

_____

6. Espero una carta importante pero no llego a casa hasta las cinco hoy. (repartir el correo el cartero)

_____

13·9 **Mi amiga Juana.** Complete the paragraph below with **pero** or **sino**.

Mi amiga Juana busca un trabajo nuevo, _____ no lo busca con mucho

entusiasmo. No es perezosa, _____ que no le gustan las entrevistas. Es una

persona muy inteligente, _____ se pone nerviosa cuando habla con personas

que no conoce bien. En realidad, no desea dejar la compañía donde trabaja,

_____ hacerse supervisora, _____ no tiene mucha experiencia. Hoy ha

decidido hablar de sus ambiciones, _____ no va a hablar con su supervisor

inmediato, _____ con la presidenta de la compañía. No va a estar nerviosa

tampoco, _____ segura de sí misma. Hoy es el día de la acción.

SEGUNDA PARTE

¡Así es la vida!

13·10 **En busca de empleo.** Reread the letter and dialogue on page 437 of your text and answer the following questions.

1. ¿Quién es Isabel Pastrana Ayala?

_____

2. ¿Por qué lee ella los avisos clasificados?

_____

3.   ¿Qué calificaciones tiene Isabel para el puesto?

   _____

   _____

4.   ¿Cómo se considera ella?

   _____

5.   ¿Qué incluye ella con su carta de presentación?

   _____

6.   ¿Quién es el Sr. Posada?

   _____

7.   ¿Por qué quiere Isabel trabajar para esta empresa?

   _____

   _____

8.   ¿Qué pregunta le hace Isabel al señor Posada?

   _____

9.   ¿Consiguió Isabel el puesto? ¿Por qué?

   _____

   _____

¡Así lo decimos!

13·11 La carta de presentación. Complete the letter below with words or expressions from the following list.

honrado	curriculum vitae	experiencia práctica	estimada
recomendación	calificaciones	la solicitud de empleo	capaz
referencia	el puesto	La saluda atentamente	

_____ señora:

   Le escribo esta carta para presentarme y para solicitar _____

de contador que se anunció en El Mundo. Yo tengo mucha _____ y mis _____ son numerosas, como Ud. podrá ver en

el _____ que adjunto. He incluido tres cartas de

_____ y _____ que

me envió su secretaria. También incluyo los nombres de tres personas que sirven de

_____.

Me gustaría tener la oportunidad de entrevistarme con Ud. Soy una persona muy

_____ y _____. En

espera de su respuesta a la presente,

_____,

Rodrigo Vivar

13·12 Preguntas durante la entrevista. Rodrigo scheduled an interview with Sra. Morales, who asks him the following questions. Playing the role of Rodrigo, answer her questions.

1. —¿Cuáles son los beneficios que Ud. espera recibir de la compañía si le ofrecemos este trabajo?

   —_____

   _____

2. —¿Por qué debo contratarlo a Ud.?

   —_____

   _____

3. —¿Ha sido Ud. despedido de un puesto alguna vez?

   —_____

   _____

4. —¿Por qué quiere Ud. dejar su puesto actual (present)?

   —_____

   _____

5. —¿Qué características describen bien su personalidad?

— _____

_____

Estructuras

13·13 **¿Qué haría Ud.?** In complete sentences, tell what you would do in the following situations. Follow the model and use the conditional.

MODELO: Tu jefe no te da un aumento de sueldo.
Buscaría otro puesto.

1. Tienes una entrevista muy importante.

_____

2. Recibiste una mala evaluación de tu supervisor.

_____

3. Tu jefe no quiere darte un ascenso.

_____

4. Tu mejor amiga recibió el puesto que tú querías.

_____

5. Recibiste una bonificación anual muy generosa.

_____

6. Tu jefa acaba de despedir a tu mejor amigo.

_____

7. No recibiste el aumento que esperabas.

_____

8. Decidiste no trabajar para la familia en el futuro.

_____

13·14 ¿Qué dijo? You are at a loud party and need to repeat everything to a friend, who can't hear what is being said. Rewrite the sentences in the past, following the model.

MODELO: Marta dice: —Renunciaré en junio.
            Marta dijo que renunciaría en junio.

1. Pablo dice: —La compañía me contratará pronto.

   _____

2. Los empleados dicen: —Las secretarias escribirán a máquina el curriculum vitae.

   _____

3. Ana dice: —Buscaré otro puesto este verano.

   _____

4. Felipe dice: —El arquitecto diseñará el edificio para nosotros.

   _____

5. Nosotros decimos: —Haremos las cartas para mañana.

   _____

6. Enrique dice: —Saldré de la oficina temprano los viernes.

   _____

7. Lucía dice: —Habrá muchos aspirantes para el puesto.

   _____

8. Pablo y Paula dicen: —Dejaremos este puesto terrible tan pronto como pueda.

   _____

13·15 ¿Qué pasó? Your friend Juana didn't show up for her interview with your boss. What happened? Try to excuse her behavior using the conditional. Follow the model.

MODELO: olvidarse de la fecha
            Ella se olvidaría de la fecha.

1. no saber la hora

   _____

2. tener problemas con su coche

_____

3. ir a la otra oficina

_____

4. perder la dirección de la nueva oficina

_____

5. entender mal a la secretaria

_____

6. estar enferma

_____

13·16 **¿Qué habrías hecho?** Tell what these people would have done differently. Use the conditional perfect and follow the model.

MODELO: Yo / no trabajar tanto
Yo no habría trabajado tanto.

1. Mi esposa y yo / hacer más viajes

_____

2. Yo / no cambiar nada

_____

3. Yo / dejar mi primer puesto más temprano

_____

4. Yo / divertirme más

_____

5. Nosotros / volver a España

_____

6. Yo / decirle a mi jefe que era dictador

_____

7. Mis empleados / recibir más aumentos por su trabajo

_____

8. Yo / abrir otra tienda

_____

9. Mi familia / verme más

_____

10. Yo / estudiar para ser abogada

_____

Now write five things that *you* would have done differently.

1. _____

2. _____

3. _____

4. _____

5. _____

13·17 Un jefe nuevo. Your former boss, Sra. Gómez, whom everyone loved, quit her job. Now you have an austere new boss. Use the conditional perfect to tell what your former boss would have done in the following situations. Follow the model.

MODELO: No recibimos ningún aumento este año.
           La Sra. Gómez nos habría dado un aumento.

1. No va a contratar a otra secretaria para nosotros.

_____

2. No ascenderá a Mario.

_____

3. No nos dará más beneficios.

_____

4. Eliminará los otros dos puestos.

_____

5. No reparará las máquinas.

_____

6. Nos baja el sueldo.

_____

7. Nos escribe malas evaluaciones.

_____

8. Venderá la compañía dentro de poco.

_____

SÍNTESIS

Lectura

Mundo hispánico: Los hispanos en los Estados Unidos (I)

Preview

In this lesson you will review the reading skills that you used in previous lessons and learn other techniques for analyzing the point of view of a text.

13·18 Skim the text on pages 457-459 for the following features.

1. What do the pictures and graphics suggest to you? Why was each included and placed where it is?

_____

_____

_____

_____

_____

_____

2. Skim the entire text and write in Spanish the "main idea" words of the passage for each of the following categories.

¿Quién?: _____

_____

_____

¿Qué?: _____

_____

_____

¿Dónde?: _____

_____

_____

¿Cuándo?: _____

_____

_____

3. Skim the entire text and, based on your list of words above, write one or two sentences in Spanish that summarize your hypothesis about the main idea of the text.

_____

_____

_____

_____

_____

During and after the Reading

13·19 This text presents two groups of Hispanics living in the United States. The following activities will help you to compare these two groups.

1. As you read the text, collect the information needed to complete the chart below. Some categories may require more than one entry. You may need to think about the text before filling out the chart.

	los puertorriqueños	*los cubanos*
¿Cuántos viven en los Estados Unidos?	_____	_____
¿Dónde viven?	_____	_____
¿De dónde provinieron?	_____	_____
¿Por qué vinieron?	_____	_____
Relaciones políticas entre el país y los Estados Unidos	_____	_____

2. On the basis of the information you have collected, be prepared to discuss the differences between the Puerto Rican and Cuban communities in the United States. Be sure to consider the implications of their situations. For example, does it make a difference:

   - when they came to the United States?
   - how many there are?
   - what regions they live in?
   - what they were in their home country?
   - how their country relates to the United States politically?

   Write down your conclusions below.

   _____

   _____

   _____

   _____

   _____

   _____

   _____

_____

_____

_____

_____

_____

_____

_____

3.   On the basis of the information presented in the text and of the conclusions you have drawn, imagine that you are a member of each community and describe some of the political and social aspects of your life here. Write two paragraphs of four to six sentences each, one from the standpoint of a Puerto Rican-American, and one from the perspective of a Cuban-American.

_____

_____

_____

_____

_____

_____

_____

_____

_____

_____

_____

_____

Temas de composición

13·20 **Una entrevista.** You are interviewing a candidate for a job in your field. Write ten questions you would ask him or her. Then interview a classmate using your questions. Write his or her responses on the lines provided.

1. —¿_____?

   —_____

   _____

2. —¿_____?

   —_____

   _____

3. —¿_____?

   —_____

   _____

4. —¿_____?

   —_____

   _____

5. —¿_____?

   —_____

   _____

6. —¿_____?

   —_____

   _____

7. —¿_____?

   —_____

   _____

8. —¿_____?

—_____

_____

9. —¿_____?

—_____

_____

10. —¿_____?

—_____

_____

13·21 **Una recomendación.** Based on the interview in the previous activity, write a memo to your supervisor recommending or rejecting the candidate. Be sure to include your predictions about their future performance at the company.

_____

_____

_____

_____

_____

_____

_____

_____

_____

_____

_____

_____

_____

_____

_____

_____

_____

_____

LECCIÓN 14
La tecnología y el medio ambiente

PRIMERA PARTE

¡Así es la vida!

14·1 **El impacto de la tecnología.** Reread page 461 of your text and answer the following questions in complete sentences.

1. ¿Qué cosas tecnológicas son parte de nuestra vida diaria?

   _____

   _____

2. ¿Qué efecto ha tenido la tecnología en la América Latina?

   _____

3. ¿Quién es Lorenzo Valdespino?

   _____

4. ¿Por qué no podría trabajar él sin la computadora?

   _____

5. ¿Qué aparatos eléctricos tiene en casa? ¿Para qué los usa?

   _____

   _____

6. ¿Quién es Hortensia Gómez Correa?

   _____

7. ¿Cómo revolucionó la tecnología el trabajo en su oficina?

_____

_____

8. ¿Qué usaban para enviar un mensaje urgente antes? ¿Y ahora?

_____

9. ¿Quién es Adolfo Manotas Suárez? ¿Dónde trabaja?

_____

10. ¿Para qué usa él una computadora?

_____

_____

11. ¿Qué más sabe, gracias a la computadora?

_____

12. ¿De qué otra manera lo ha ayudado la tecnología?

_____

¡Así lo decimos!

14·2 **Palabras emparentadas.** Below is a list of words from your vocabulary. Write the related verb next to each word in the space provided.

el borrador _____   apagado _____

la cosecha _____   el programa _____

el diseño _____   la calculadora _____

encendido _____   la fotocopiadora _____

la grabadora _____   la transmisión _____

14·3   A completar. Complete the following sentences using words or expressions from ¡Así lo decimos!

1. El banco está cerrado pero puedo usar _____ para sacar dinero.

2. Hoy no es necesario esperar las llamadas telefónicas porque el _____ puede _____ todos los mensajes.

3. Yo acabo de comprar _____ y me gusta mucho. Puedo hablar con mis amigos desde el jardín.

4. A mi esposo le gustan mucho _____, especialmente los de básquetbol y de fútbol americano.

5. No es necesario hoy día usar el papel carbón. Es más fácil usar _____.

6. Para hacer correctamente mis cuentas, tengo que usar _____.

7. Me gusta mucho mi _____ nueva. Ahora no es necesario ir al cine para ver una película.

8. Mi amigo es agricultor. Trabaja en _____ de su padre. Me dice que hoy en día no es necesario _____ todos los trabajos porque hay mucha _____ nueva.

9. Antes compraba discos o cintas de mi música favorita. Hoy compro _____.

10. Gracias al disco duro, puedo _____ mucha información en mi microcomputadora.

14·4   La computadora y sus accesorios. Identify each numbered item in the illustration below. Then write sentences using the words.

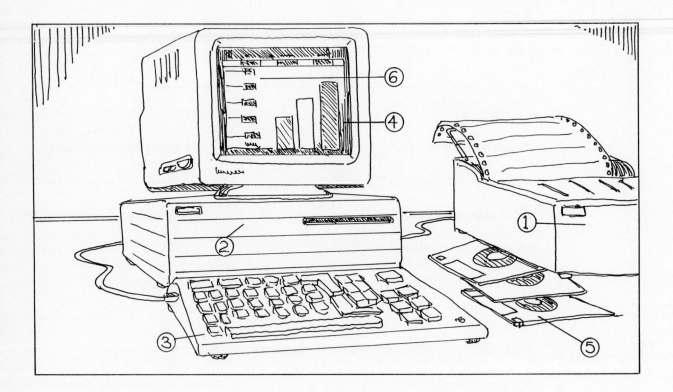

1. _____

2. _____

3. _____

4. _____

5. _____

6. _____

Estructuras

14·5   Mi amiga Olga. Your friend Olga is quite trusting while you tend to have your doubts. Respond to Olga's suppositions using the present perfect subjunctive and the cues provided. Follow the model.

MODELO: Me imagino que Marcos se ha comprado una videograbadora esta tarde. (Dudo)
Dudo que se la haya comprado ya.

1. Supongo que el electricista ha hecho el trabajo hoy. (No estoy seguro)

   _____

2. Supongo que Marcos ha apagado la computadora esta tarde. (No es cierto)

   _____

3. Me imagino que el jefe ha sido el responsable de instalar las computadoras nuevas. (Niego)

   _____

4. ¡Por fin el técnico ha arreglado la fotocopiadora! (No es verdad)

   _____

5. ¿Cuándo aprendieron los otros empleados a usar el programa? (Dudo)

   _____

6. ¡Qué bien que Marcos escribió la carta a la compañía! (Es dudoso)

   _____

7. Me imagino que ellos enviaron el mensaje por fax. (No creo)

   _____

8. ¡Menos mal que Sandra grabó la información! (No es cierto)

   _____

14·6 **Situaciones en la oficina.** Form sentences using the present perfect subjunctive and the cues provided. Follow the model.

MODELO: Yo / esperar / Ana / arreglar / máquina
Yo espero que Ana haya arreglado la máquina.

1. El jefe / alegrarse de / nosotros / comprar / otro / computadoras

   _____

2. Nosotros / no creer / técnico / instalar / programa / nuevo

   _____

3. Marta / dudar / tú / aprender / usar / máquina

_____

4. Yo / esperar / fax / transmitir / nuestro / mensaje / correctamente

_____

5. Ellos / no pensar / la fotocopiadora / ser / arreglado / todavía

_____

6. ¿Tú / creer / empleado / manejar / bien / cuentas?

_____

7. Yo / esperar / tú / poner / información / disquette

_____

8. Enrique / esperar / gerente / descubrir / mensaje / contestador automático

_____

14·7 **Opiniones sobre la tecnología.** Complete these opinions about technology with the present perfect subjunctive or indicative as needed.

1. Creo que las computadoras _____ (ser) necesarias.

2. No está claro que la tecnología nueva nos _____ (ayudar).

3. Dudo que las compañías _____ (cambiar) mucho.

4. Es verdad que los agricultores _____ (aprender) mucho de

   las cosechas.

5. Es fabuloso que los niños _____ (hacer) sus trabajos en

   una computadora.

6. Es lástima que la gente _____ (dejar) de ir al cine por la

   videograbadora.

7. No creo que tú _____ (expresar) tu opinión todavía.

8. Pienso que la tecnología _____ (mejorar) las condiciones de

   trabajo.

9. Es obvio que la tecnología _____ (resolver) muchos

   problemas.

10. No hay duda de que los técnicos _____ (instalar) muchas

    microcomputadoras por el mundo.

11. Creemos que el cómpact disc _____ (reproducir) la música

    perfectamente.

12. Es dudoso que las calculadoras les _____ (enseñar) mucho

    a los niños.

13. No es verdad que todas las computadoras _____

    (funcionar) perfectamente.

14. No es bueno que algunas personas _____ (robar) los

    cajeros automáticos.

15. Es cierto que muchos empleados _____ (volver) a la

    universidad para aprender a usar la computadora.

14·8 **Un problema con la tecnología.** Using the words in parentheses, join each pair of sentences to discover what problem Susana encountered with technology.

MODELO: Susana va al banco. Sale del trabajo. (después de)
           Susana va al banco después de salir del trabajo.

1. Hoy va a usar el cajero automático. Llega al banco. (tan pronto como)

   _____

2. Normalmente entra en el banco. Recibe su cheque los jueves. (cuando)

   _____

3. Busca su tarjeta en la billetera. Entra. (antes de)

   _____

4. Saca una calculadora. Sabe exactamente cuánto dinero tiene en su cuenta. (para)

   _____

5. El cajero automático hace ruidos raros. Pone su tarjeta en la máquina. (en cuanto)

   _____

6. Necesita entrar en el banco. El cajero sabe que no funciona el cajero automático. (para que)

   _____

7. Ella no quiere salir. Alguien le devuelve su tarjeta. (sin que)

   _____

8. Tiene que esperar un rato. El técnico repara la máquina. (hasta que)

   _____

9. Otro empleado le dice que no es necesario esperar. Ella desea llevarse la tarjeta ahora. (a menos que)

   _____

10. Decide salir. El banco le envía muy pronto la tarjeta. (con tal de que)

    _____

14·9 En la oficina. Rewrite the sentences by changing the first verb to the future and making any other necessary changes. Follow the model.

MODELO: Hablé con él cuando pude.
         Hablaré con él cuando pueda.

1. Yo transmití la información mientras ella calculó el precio.

   _____

2. Manejamos el dinero hasta que el jefe nuevo llegó.

   _____

3. Ana fotocopió la información cuando tuvo tiempo.

   _____

4. Imprimieron el folleto aunque ella lo diseñó.

_____

5. Encendió la computadora luego que entré.

_____

6. El técnico instaló la fotocopiadora tan pronto como recibió el dinero.

_____

14·10 La tecnología. Complete each sentence below with the subjunctive, indicative or infinitive form of the verb in parentheses.

1. Usarán el fax para que él _____ (conseguir) el mensaje inmediatamente.

2. A fin de _____ (calcular) el precio del fax, necesita hablar con el gerente.

3. Explícasela para que ella _____ (saber) usar la computadora.

4. El contestador automático recibirá los mensajes sin que tú

   _____ (estar) en casa.

5. Antes de _____ (comprar) la microcomputadora, es necesario aprender a usarla.

6. Podremos darte la información con tal de que él nos la

   _____ (dar).

7. La calculadora se rompió tan pronto como él la _____ (encender)

8. El jefe esperó aquí hasta que tú _____ (encontrar) el disquette.

9. Diseñaré el programa en cuanto (yo) _____ (recibir) la información.

10. El agricultor usará la maquinaria agrícola cuando _____ (llegar).

11. No puedes fotocopiar el documento sin _____ (encender) la fotocopiadora.

12. No voy a instalar la videograbadora hasta que tú me la _____ (explicar).

13. Aunque _____ (costar) mucho la computadora, valdrá la pena.

14. Tan pronto como el técnico _____ (instalar) el cajero automático, vamos a usarlo.

15. Apagaron la máquina después de que ella _____ (salir).

SEGUNDA PARTE

¡Así es la vida!

14·11 Hablan los jóvenes. Reread the opinions of the people on page 474 of your text and determine if the following sentences are true **C (Cierto)** or **F (Falso)**.

1.	A los jóvenes hispánicos no les importa el medio ambiente.	C	F
2.	No hay mucha industria en estos países.	C	F
3.	Los gobiernos de estos países no se han preocupado mucho por el medio ambiente.	C	F

Liliana Sánchez Sandoval

4.	La contaminación del aire no es un problema en la Ciudad de México.	C	F
5.	Los carros y los camiones producen mucha contaminación.	C	F

6. Respirar el aire de la Ciudad de México no causa problemas.   C   F

7. El gobierno no toma las medidas necesarias para resolver el problema de la contaminación.   C   F

María Isabel Cifuentes Betancourt

8. El problema de enfermedades epidémicas no existe en la América del Sur.   C   F

9. La contaminación del agua causa el cólera.   C   F

10. Es necesario mejorar las medidas de higiene para eliminar el cólera.   C   F

Fernando Haya Bustamante

11. Un problema importante en Costa Rica es la pérdida de los árboles.   C   F

12. Hoy el 50% del país está cubierto de bosques tropicales.   C   F

13. La producción del oxígeno depende de la región tropical.   C   F

14. El gobierno costarricense controla estrictamente el desarrollo industrial.   C   F

¡Así lo decimos!

14·12 Categorías. Circle the word in each group below that does not fit with the others.

1. la fábrica
   el humo industrial
   la naturaleza

2. conservar el reciclaje
   mandatorio
   proteger

3. la radioactividad
   la finca
   la planta nuclear
   contaminar

4. la atmósfera
   el petróleo
   el aire
   el medio ambiente

5. la energía
   la multa
   la planta nuclear
   el petróleo

14·13 A completar. Complete each sentence below with a word or expression from ¡Así lo decimos!

1. En vez de arrojar todos los deshechos, hay que organizar un programa de

   _____.

2. Si una fábrica no obedece bien las leyes contra la contaminación, hay que

   ponerle _____.

3. El agua, el aire y las selvas forman parte de _____.

4. Si hay muy, muy poco de alguna cosa, se dice que hay _____

   de esa cosa.

5. Según muchos, la gente de los EE.UU. tiene que aprender a

   _____ menos y a _____ más.

6. Si la despoblación forestal es un problema, hay que empezar un programa de

   _____.

7. Si se escapa _____ de una fábrica, puede contaminar el

   aire.

8. Para conservar más, la ciudad de Seattle decidió _____ un

   programa enorme de reciclaje.

9. Si ocurre un accidente en una planta nuclear, a veces _____

   se escapa al aire.

10. _____ para controlar la despoblación forestal es multar las

    organizaciones que destruyan los bosques.

14·14 Cuestionario. Answer the questions below in complete sentences.

1. ¿Cuál es el problema más serio que afecta al medio ambiente, en tu opinión?

   _____

2. ¿Qué soluciones puedes ofrecer?

_____

3. ¿Cómo se pueden proteger los bosques y las selvas tropicales?

_____

4. ¿Qué prefieres: desarrollar el poder solar o continuar con las plantas nucleares? ¿Por qué?

_____

5. ¿En qué circunstancias se debe ponerle una multa a una industria?

_____

Estructuras

14·15 Recomendaciones para mejorar el medio ambiente. You just attended a conference on environmental issues and are telling your friends about it. Complete each sentence with the imperfect subjunctive form of the cues in parentheses.

1. El señor nos dijo que:

_____ (conservar) más.

_____ no (arrojar) tanto.

_____ (consumir) menos.

_____ (proteger) el planeta.

2. Insistió en que cada ciudad:

_____ (tener) un programa de reciclaje.

_____ (multar) por las infracciones.

_____ (explicarle) a la población la importancia de la conservación.

_____ no (contribuir) más a la contaminación del medio ambiente.

3. Quería que todos los niños:

_____ (aprender) a conservar.

_____ (asistir) a un programa de reciclaje.

_____ (estar) informados sobre la conservación.

_____ (escribirles) a sus representantes.

4. Dudaba que nosotros:

_____ (poder) eliminar totalmente la contaminación.

_____ no (querer) participar en la conservación.

_____ no (hablarles) del programa a nuestros amigos.

_____ (seguir) contaminando el planeta.

14·16 **La repetición.** Retell what you heard at the conference. Change the first verb to the imperfect in sentences 1-5 and to the preterite in sentences 6-10. Be sure to make any other necessary changes. Follow the model.

MODELO: Es necesario que consumamos menos.
Era/Fue necesario que consumiéramos menos.

1. Es importante que los gobiernos sepan primero que hay un problema.

_____

2. El líder del grupo quiere que les escribamos a nuestros senadores.

_____

3. También espera que todos aprendan algo de los resultados de la contaminación.

_____

4. Duda que se pueda resolver la situación inmediatamente.

_____

5. Teme que no haya muchas soluciones disponibles.

_____

6. Nos dice que emprendamos un programa de reciclaje en el barrio.

_____

7. Recomienda que empecemos con un grupo pequeño.

_____

8. Insiste en que yo sea el líder del grupo.

_____

9. Nos pide que le digamos los resultados.

_____

10. Sugiere que todos participen para que tengamos éxito.

_____

14·17 Varias opiniones. Here are various opinions concerning the environment. Complete the sentences below with the present or imperfect subjunctive forms of the verbs in parentheses.

1. Es bueno que nosotros _____ (conservar) más.

2. Me alegré de que tú _____ (ver) que existía un problema.

3. Los oficiales preferían que los gobiernos _____ (participar) en los programas de reciclaje.

4. Dudábamos que otros países _____ (hacer) más para mejorar el medio ambiente.

5. No creo que _____ (haber) un problema.

6. Mis amigos lamentaron que no se _____ (reconocer) la contaminación antes.

7. El líder del grupo insiste en que todos _____ (emprender) la educación de los niños en la escuela.

8. Los senadores querían que la gente le _____ (escribir) cartas al presidente.

9. Siento que nosotros no _____ (proteger) el planeta.

10. Mi esposo y yo esperamos que no se _____ (contaminar) más el agua.

11. No pienso que se _____ (multar) suficientemente las fábricas que contaminan el medio ambiente.

12. El señor tenía miedo de que _____ (producirse) más radioactividad.

13. Los niños deseaban que el gobierno _____ (poner) más énfasis en la protección del medio ambiente.

14. Mi profesor me pide que le _____ (traer) la información que tengo sobre la repoblación forestal.

15. Fue indispensable que todos los países _____ (darse) cuenta de los problemas.

14·18 A cambiar. Change the following sentences from present to past. Follow the model.

MODELO: Dudo que haya vuelto el presidente.
Dudé que hubiera vuelto el presidente.

1. Es malo que la niña se haya enfermado de la contaminación.

_____

2. Tengo miedo de que el gobierno no haya multado a la fábrica.

_____

3. El gobierno prefiere que las fábricas hayan obedecido las leyes.

_____

4. Espero que hayamos protegido la naturaleza.

_____

5. Los médicos no creen que la contaminación haya causado la enfermedad.

   _____

6. Sentimos que todos los países hayan arrojado tantos deshechos en el lago.

   _____

7. Dudo que el reportero haya escrito el artículo.

   _____

8. Los científicos no piensan que la fábrica haya contribuido a la despoblación forestal.

   _____

14·19 Una conversación entre amigos. Complete the conversation between Toño and Sara, filling in the blanks with the correct form of the verbs in parentheses.

TOÑO: No vamos a resolver nada si tú no me _____ (escuchar).

SARA: Tienes razón, chico. Voy a escucharte ahora si _____ (querer).

TOÑO: Bueno, no tendríamos tanta contiminación si _____ (haber/proteger) mejor la naturaleza.

SARA: Sí, pero si no _____ (haber/desarrollar) la industria, no seríamos tan ricos.

TOÑO: Pero si no tenemos un planeta donde vivir, el dinero no _____ (valer) nada.

SARA: Sí. ¿Crees que si todos nosotros _____ (empezar) a conservar más ahora, podemos salvar el planeta?

TOÑO: No sé. Si todos _____ (haber/pensar) en eso antes, no tendríamos que discutirlo ahora. No tengo mucha confianza. Y si tú y yo, solamente dos personas, no _____ (poder) ponernos de acuerdo, ¿cómo podrán todas las naciones del mundo? ...

14·20 A cambiar. Change the following sentences to show contrary-to-fact situations. Follow the model.

MODELO: Si veo basura en la calle, la pondré en un recipiente.
Si viera basura en la calle, la pondría en un recipiente.

1. Si sé que una compañía contamina un lago, llamaré a la policía.

_____

2. No nadarás más en el lago si te sientes mal.

_____

3. Se conservará el medio ambiente si no se la contamina.

_____

4. Si puedo ir a la conferencia, vendré a tu casa a las seis.

_____

5. Si quiero asistir al programa, tendré que examinarlo primero.

_____

6. Las plantas nucleares serán más seguras si no producen tanta radioactividad.

_____

14·21 Tus opiniones. Complete the sentences below by using vocabulary from this lesson.

1. Si tuviera más tiempo, _____

2. Yo les escribiría a mis senadores si _____

_____

3. Si una fábrica contaminara el medio ambiente en mi pueblo, yo _____

_____

4. Yo trataré de consumir menos si _____

_____

5. Si yo hubiera llegado más temprano, yo _____

_____

6. Si puedo ayudar a conservar el planeta, _____

_____

7. Yo no arrojaría basura en la calle si _____

_____

8. Yo consumiré menos electricidad en casa si _____

_____

9. Si yo hubiera sabido lo de la contaminación antes, _____

_____

10. Yo usaría menos petróleo si _____

_____

SÍNTESIS

Lectura

Mundo hispánico: Los hispanos en los Estados Unidos (II): Los mexicanoamericanos

Preview

In this lesson you will review the reading skills that you used in previous lessons and learn other techniques for analyzing the point of view of a text.

14·22 Skim the text on pages 497-499 for the following features.

1. What do the pictures and graphics suggest to you? Why was each included and placed where it is?

_____

_____

_____

_____

_____

_____

_____

_____

_____

_____

_____

2. Skim the entire text and write in Spanish the "main idea" words of the passage for each of the following categories.

¿Quién?: _____

_____

_____

_____

¿Qué?: _____

_____

_____

_____

¿Dónde?: _____

_____

_____

_____

¿Cuándo?: _____

_____

_____

3. Skim the entire text and, based on your list of words above, write one or two sentences in Spanish that summarize your hypothesis about the main idea of the text.

_____

_____

_____

_____

During and after the Reading

14·23 This text describes aspects of Mexican-American society stemming from its history and the traditions that grew out of that history. In the activities that follow, you will explore those facets of the Mexican-American tradition presented in the text.

1. As you read, complete the following chart to help you compare the past and the present of Mexican-Americans. Some items may have more than one answer.

	Pasado	*Hoy*
¿Dónde viven?		
Influencia social o política en los Estados Unidos		
Enlaces entre la historia y la cultura (lo que se hacía o se hace):		
• evento histórico o social importante (Los Angeles)		
• evento histórico o social importante (San Antonio)		

Be sure you can express these changes or historical developments in complete sentences in both past and present tenses of verbs.

2. Analyze the development of Mexican-American culture and influence, using the information in the chart above and writing notes in English or Spanish in the space provided. Prepare to discuss the significance of the changes that you have found. For example:

• What is the difference between controlling a region and being a majority in a modern city?

- Why are political events still remembered and celebrated? What is their significance for the community?
- How might the mind-set of two Mexican-Americans differ if one grows up in Los Angeles and the other in San Antonio and both participate in their traditional culture? What aspects of their experience might seem more important as they plan their futures?

_____

_____

_____

_____

_____

_____

_____

_____

_____

_____

_____

_____

Temas de composición

14·24 **La tecnología y el medio ambiente.** Can technology coexist with the preservation of the environment? Write an essay describing your position on this issue. In the first paragraph discuss technology, its benefits and its problems. In the second paragraph, discuss how technology affects the environment. In the last paragraph, discuss any solutions or recommendations you have.

_____

_____

_____

_____

_____

_____

_____

_____

_____

_____

_____

_____

_____

_____

_____

_____

_____

14·25 Si fueras presidente... Write a paragraph describing what you would do regarding the environment if you were president.

_____

_____

_____

_____

_____